Curso

SE05

La diferencia entre aprobar y sacar plaza

Celador/a

SERVICIO DE SALUD DE CASTILLA-LA MANCHA (SESCAM)

Si aún no dispones de tu **Curso MAD360**, te ofrecemos un acceso GRATIS de 30 días para que disfrutes de los siguientes recursos:

- Técnicas de Memoria 360.
- MADTEST: Test *online* Nivel PRO.
- Temario en formato digital.
- Vídeos.
- Esquemas.
- Planificación de estudio flexible.
- Foro entre opositores.
- Recursos y novedades exclusivas.
- Consúltanos sobre tu oposición y proceso selectivo.
- Actualizaciones trimestrales del temario.

Para acceder a esta prueba del Curso MAD360* será necesaria la compra de todos los libros para esta especialidad de la edición 2025.

Valida los códigos que encuentras en la última página de tus libros y disfruta de la experiencia MAD360. Y para adquirir tu Curso MAD360 pincha en la opción RENOVAR que encontrarás en tu panel.

Infórmate en: mad.es/registro-campus

NOTA IMPORTANTE:

* El acceso al CURSO MAD360 estará disponible desde mayo de 2025 (algunos recursos podrían estar disponibles en fecha posterior). Tendrá una duración de 30 días RENOVABLES mediante pago, desde la validación de códigos, o hasta el 30 de noviembre de 2026, lo que se cumpla antes.

MAD se reserva el derecho a ampliar dichas fechas.

Celador/a del Servicio de Salud de Castilla-La Mancha (SESCAM)

Mayo 2025

Celador/a del Servicio de Salud de Castilla-La Mancha (SESCAM)

Test del temario

Autores

DOMINGO GÓMEZ MARTÍNEZ
Licenciado en Derecho
Técnico de Función Administrativa

FRANCISCO JESÚS TORRES FONSECA
Licenciado en Derecho

JOSÉ LUIS GARRIDO VELA
Licenciado en Derecho

MOISÉS CAYETANO RODRÍGUEZ
Licenciado en Historia
Master y Técnico Superior en Prevención de Riesgos Laborales

TERESA MARÍA TORRES FONSECA
Licenciada en Derecho

M.ª DEL CARMEN SILVA GARCÍA
Diplomada Universitaria en Enfermería
Técnica Especialista de Laboratorio

M.ª JOSÉ GARCÍA BERMEJO
Licenciada en Biología
Técnica Superior en Laboratorio de Diagnóstico Clínico

HERMINIA ANDRADES ROMERO
Diplomada en Fisioterapia.
Técnico Superior en Imagen para el Diagnóstico.

LIDIA PONCE MARTÍNEZ
Licenciada en Psicología

© 7 Editores Recursos para la Cualificación Profesional y el Empleo, S.L. (7 Editores)
© Los autores
Primera edición, mayo 2025 (116 páginas)
Derechos de edición reservados a favor de 7 Editores
IMPRESO EN ESPAÑA
Diseño Portada: 7 Editores
Edita: 7 Editores
Avda. San Francisco Javier, 9 · Edificio Sevilla 2 · Planta 11 · Módulos 25-27 · 41018 Sevilla
Teléfono: 954 784 411 · WEB: www.mad.es · e-mail: administracion@7editores.com
ISBN: 978-84-142-9484-0
© "Editorial Mad" y "Eduforma" son nombres comerciales registrados de
7 Editores Recursos para la Cualificación Profesional y el Empleo, S.L.

Índice

TEST N.º 1

**La Constitución Española: Su estructura y contenido;
Título Preliminar; Título I. De los Derechos y Deberes Fundamentales.
La protección de la salud en la Constitución. La igualdad efectiva
entre hombres y mujeres Políticas de igualdad. Medidas de
protección integral contra la violencia de género**

1. ¿En qué se fundamenta la Constitución Española?

a) En un Estado social y democrático de Derecho.
b) En la indisoluble unidad de la Nación española.
c) En la independencia de los poderes del Estado.
d) En la organización territorial del Estado.

2. Según el artículo 3 de la CE, el castellano es la lengua oficial del Estado y todos los españoles:

a) Tienen el deber de usar y el derecho de conocer el castellano.
b) Tienen el derecho y el deber de conocer el castellano.
c) Tienen el deber de conocer y el derecho de usar el castellano.
d) Tienen el derecho de conocer y usar el castellano.

3. La Constitución Española reconoce y garantiza el derecho a la autonomía:

a) De las nacionalidades que la integran.
b) De las regiones que la integran.
c) De las Comunidades Autónomas que la integran.
d) De las nacionalidades y regiones que la integran.

4. El Preámbulo de la Constitución:

a) Tiene en sí carácter de norma jurídica.
b) Es una declaración de intenciones, destinada a interpretar lo que se quiere alcanzar con el contenido normativo de la Constitución.
c) Se trata de un texto sin fuerza jurídica de obligar.
d) Las respuestas b) y c) son correctas.

5. Señala la afirmación correcta, respecto de la aprobación, ratificación y publicación de la Constitución Española:

a) Aprobada por las Cortes el 31 de octubre de 1978, ratificada por el pueblo en referéndum el 6 de diciembre de 1978 y publicada el 29 de diciembre de 1978.
b) Aprobada por las Cortes el 30 de octubre de 1978, ratificada por el pueblo en referéndum el 16 de diciembre de 1978 y publicada el 27 de diciembre de 1978.
c) Aprobada por las Cortes el 31 de octubre de 1978, ratificada por el pueblo en referéndum el 16 de diciembre de 1978 y publicada el 29 de diciembre de 1978.
d) Aprobada por las Cortes el 10 de octubre de 1978, ratificada por el pueblo en referéndum el 26 de diciembre de 1978 y publicada el 30 de diciembre de 1978.

6. ¿En qué parte de la Carta Magna se establece la exposición de motivos que impulsan la norma constitucional y los objetivos que con ella se pretenden alcanzar?

a) En el Título preliminar.
b) En el Preámbulo.
c) En el Título I.
d) En el Título II.

7. ¿En qué artículos de nuestra CE se recogen los derechos fundamentales y las libertades públicas?

a) En los artículos 10 a 43.
b) En los artículos 25 a 38.
c) En los artículos 31 a 45.
d) En los artículos 15 a 29.

8. Además de en la vida económica y política, los poderes públicos deben fomentar la participación de los ciudadanos en la vida:

a) Cultural.
b) Social.
c) Corporativa.
d) Las respuestas a) y b) son correctas.

9. Según la Constitución, el Estado es:

a) Apolítico.
b) Aconfesional.
c) De bienestar social.
d) Federal.

10. El derecho a la vida se consagra en el siguiente artículo de la Constitución:

a) 10.
b) 16.
c) 15.
d) 24.

11. La pena de muerte en España:

a) Ha quedado abolida.
b) Puede aplicarse en cualquier momento.
c) Solo se aplicará, en tiempo de guerra, a los militares.
d) Rige solo en el ámbito civil.

12. La inmediata puesta a disposición judicial derivada del habeas corpus, se produce por:

a) Detención ilegal.
b) Prisión ilegal.
c) Prisión preventiva.
d) Detención preventiva.

13. La ley que regula a nivel estatal la igualdad efectiva de mujeres y hombres, es:

a) La Ley 3/2007, de 12 de marzo.
b) La Ley Orgánica 22/2007, de 3 de abril.
c) La Ley Orgánica 3/2007, de 22 de marzo.
d) El Decreto Legislativo 7/2003, de 23 de mayo.

14. ¿Qué título de la Ley para la Igualdad efectiva de Mujeres y Hombres se refiere a las políticas públicas para la igualdad?

a) El Título II.
b) El Título III.
c) El Título IV.
d) El Título V.

15. Las obligaciones establecidas en la Ley para la Igualdad efectiva entre Mujeres y Hombres son de aplicación a:

a) Toda persona que se encuentre o actúe en territorio español, cualquiera que fuese su nacionalidad, domicilio o residencia.
b) Todos los españoles residentes en territorio español; pero no a los españoles que tengan residencia en otro país aunque eventualmente se encuentren en territorio español.
c) Toda persona que se encuentre o actúe en territorio español, originaria de algún país adherido a los Tratados internacionales de eliminación de toda forma de discriminación contra la mujer; pero no se puede aplicar a personas originarias de los países no firmantes.
d) Únicamente a todos los españoles se encuentren o no en territorio español.

16. Todo trato desfavorable a las mujeres relacionado con el embarazo o la maternidad constituye:

a) Acoso sexual.
b) Acoso por razón de sexo.
c) Discriminación directa por razón de sexo.
d) Discriminación indirecta por razón de sexo.

17. Cualquier comportamiento realizado en función del sexo de una persona, con el propósito o efecto de atentar contra su dignidad y de crear un entorno intimidatorio, degradante u ofensivo, constituye:

a) Acoso sexual.
b) Acoso por razón de sexo.
c) Discriminación directa por razón de sexo.
d) Discriminación indirecta por razón de sexo.

18. Los actos y las cláusulas de los negocios jurídicos que constituyan o causen discriminación por razón de sexo se considerarán:

a) Válidos, si todas las partes consienten.
b) Anulables y sin efecto durante el primer año; pasado ese tiempo, si no hay denuncia, tendrán efectos legales.
c) Nulos, pero con efecto.
d) Nulos y sin efecto.

19. La capacidad y la legitimación para intervenir en los procesos civiles, sociales y contencioso-administrativos que versen sobre la defensa del derecho de igualdad entre mujeres y hombres, corresponden a:

a) La persona acosada, únicamente.
b) Cualquier ciudadano.
c) Las personas físicas y jurídicas con interés legítimo.
d) Cualquier persona jurídica.

20. Según el artículo 15 de la Ley para la Igualdad efectiva entre Mujeres y Hombres, el principio de igualdad de trato y oportunidades informará la actuación de todos los poderes públicos:

a) Con carácter transversal.
b) De forma equilibrada.
c) Solo cuando se trate de colectivos de especial vulnerabilidad o de violencia de hecho.
d) Con carácter no vinculante.

En MADTEST tienes **más preguntas de este tema**, y todos tus avances quedan registrados y se reflejan en el ranking.

¡Supera tus límites con MADTEST!

Solución al test n.º 1

1. b) En la indisoluble unidad de la Nación española.

2. c) Tienen el deber de conocer y el derecho de usar el castellano.

3. d) De las nacionalidades y regiones que la integran.

4. d) Las respuestas b) y c) son correctas.

5. a) Aprobada por las Cortes el 31 de octubre de 1978, ratificada por el pueblo en referéndum el 6 de diciembre de 1978 y publicada el 29 de diciembre de 1978.

6. b) En el Preámbulo.

7. d) En los artículos 15 a 29.

8. d) Las respuestas a) y b) son correctas.

9. d) Federal.

10. c) 15.

11. a) Ha quedado abolida.

12. a) Detención ilegal.

13. c) La Ley Orgánica 3/2007, de 22 de marzo.

14. a) El Título II.

15. a) Toda persona que se encuentre o actúe en territorio español, cualquiera que fuese su nacionalidad, domicilio o residencia.

16. c) Discriminación directa por razón de sexo.

17. b) Acoso por razón de sexo.

18. d) Nulos y sin efecto.

19. c) Las personas físicas y jurídicas con interés legítimo.

20. a) Con carácter transversal.

TEST N.º 2

**El Estatuto de Autonomía de Castilla-La Mancha:
Instituciones de la Comunidad Autónoma de Castilla-La Mancha;
Competencias de la Junta de Comunidades de Castilla-La Mancha.
La Administración Autonómica: Organización y estructura básica**

1. El Estatuto de Autonomía de Castilla-La Mancha, fue aprobado por:

a) Ley Orgánica 9/1982, de 10 de agosto.
b) Ley Orgánica 8/1982, de 10 de agosto.
c) Ley Orgánica 9/1983, de 15 de agosto.
d) Ley Orgánica 9/1982, de 10 de septiembre.

2. El Estatuto de Autonomía de Castilla-La Mancha:

a) Consta de 64 artículos y se estructura en un Título Preliminar, 6 Títulos, 2 disposiciones adicionales, seis disposiciones transitorias y una disposición final.
b) Consta de 54 artículos y se estructura en un Título Preliminar, 6 Títulos, 3 disposiciones adicionales, seis disposiciones transitorias y una disposición final.
c) Consta de 54 artículos y se estructura en un Título Preliminar, 6 Títulos, 3 disposiciones adicionales, siete disposiciones transitorias y una disposición final.
d) Consta de 64 artículos y se estructura en un Título Preliminar, 6 Títulos, 2 disposiciones adicionales, siete disposiciones transitorias y una disposición final.

3. El Título Preliminar comprende los:

a) Seis primeros artículos del Estatuto.
b) Siete primeros artículos del Estatuto.
c) Nueve primeros artículos del Estatuto.
d) Once primeros artículos del Estatuto.

4. La Junta de Comunidades ejercerá sus poderes con los siguientes objetivos básicos establecidos en el:

a) Artículo 3.
b) Artículo 4.

c) Artículo 5.

d) Artículo 6.

5. La Ley del Gobierno y del Consejo Consultivo de Castilla-La Mancha es la:

a) Ley 10/2003, de 25 de septiembre.

b) Ley 11/2003, de 25 de septiembre.

c) Ley 11/2006, de 25 de septiembre.

d) Ley 11/2003, de 26 de septiembre.

6. Los ex-Presidentes tendrán el tratamiento de:

a) Ilustrísima.

b) Excelencia.

c) Excelentísimo.

d) Presidente.

7. Las Cortes de Castilla-La Mancha aprobarán una Ley del Gobierno y del Consejo Consultivo, en la que se incluirá la limitación de los mandatos del Presidente, por mayoría:

a) Simple de los miembros del Pleno de la Cámara.

b) Absoluta de los miembros del Pleno de la Cámara.

c) De dos tercios de los miembros del Pleno de la Cámara.

d) De tres quintos de los miembros del Pleno de la Cámara.

8. La confianza se entenderá otorgada cuando vote a favor de la misma la mayoría:

a) Simple de los Diputados.

b) Absoluta de los Diputados.

c) De dos tercios de los Diputados.

d) De tres quintos de los Diputados.

9. Si el Presidente plantease la cuestión de confianza sobre un proyecto de Ley, éste se considerará aprobado siempre que vote a favor de la confianza la mayoría:

a) Simple de los Diputados.

b) Absoluta de los Diputados.

c) De dos tercios de los Diputados.

d) De tres quintos de los Diputados.

10. La moción de censura deberá ser propuesta al menos por el:

a) 10% de los Diputados.

b) 15% de los Diputados.

c) 20% de los Diputados.
d) 5% de los Diputados.

11. El Presidente no podrá acordar la disolución de las Cortes:

a) Durante el cuarto período de sesiones de la legislatura, cuando reste menos de un año para su terminación.
b) Cuando se esté planteando una cuestión de confianza.
c) Antes de que transcurra el plazo de dos años desde la última disolución por este procedimiento.
d) Cuando se encuentre convocado un proceso electoral estatal.

12. La Ley del Gobierno y del Consejo Consultivo de Castilla-La Mancha, trata del Consejo de Gobierno en su:

a) Título I.
b) Título II.
c) Título III.
d) Título IV.

13. Corresponde, en todo caso, al Consejo de Gobierno:

a) Aprobar los Proyectos de Ley para su remisión a las Cortes de Castilla-La Mancha, y acordar, en su caso, retirarlos.
b) Dictar los Decretos Legislativos.
c) Aprobar las normas reglamentarias de desarrollo de las leyes, así como todas las restantes de las que deriven inmediatamente derechos y obligaciones para los ciudadanos.
d) Todas las anteriores.

14. La válida constitución del Consejo de Gobierno requiere la asistencia del Presidente o de quien legalmente le sustituya, y de, al menos:

a) Un tercio de los restantes miembros.
b) Dos tercios de los restantes miembros.
c) La mitad de los restantes miembros.
d) Tres quintos de los restantes miembros.

15. Las decisiones y acuerdos del Consejo de Gobierno se adoptan mediante la oportuna deliberación y:

a) Tras votación formal.
b) Sin votación formal.
c) Sin necesidad de votación.
d) Por acuerdos de unanimidad.

16. En las reuniones del Consejo de Gobierno:

a) Los documentos que se presenten, hasta que éste los haya publicado, tendrán el carácter de reservado y las deliberaciones, el de secreto.

b) Las deliberaciones que se realicen, hasta que éste las haya publicado, tendrán el carácter de reservadas y los documentos, el de secreto.

c) Los documentos que se presenten, tendrán el carácter de reservado y las deliberaciones, el de secreto.

d) Los documentos que se presenten, tendrán el carácter de secretos y las deliberaciones, el de privadas, salvo que se publiquen.

17. Las actas de las sesiones del Consejo de Gobierno:

a) Son públicas.

b) Serán publicadas.

c) Son publicas salvo aquellos datos que puedan afectar a la intimidad de las personas.

d) No son públicas.

18. Las delegaciones legislativas otorgadas por las Cortes de Castilla-La Mancha durante todo el tiempo que el Gobierno esté en funciones:

a) Permanecerán en vigor.

b) Permanecerán en vigor salvo acuerdo en contrario.

c) Precisaran la ratificación de aquéllas cuando la causa de cese sea la celebración de elecciones regionales.

d) Quedarán en todo caso en suspenso.

19. Los miembros del Consejo de Gobierno podrán ejercer las actividades de administración del patrimonio personal o familiar, salvo el supuesto de participación superior al:

a) 10% entre el interesado, su cónyuge e hijos menores en empresas que tengan conciertos de obras, servicios o suministros, cualquiera que sea su naturaleza con la Junta de Comunidades de Castilla-La Mancha.

b) 15% entre el interesado, su cónyuge e hijos menores en empresas que tengan conciertos de obras, servicios o suministros, cualquiera que sea su naturaleza con la Junta de Comunidades de Castilla-La Mancha.

c) 20% entre el interesado, su cónyuge e hijos menores en empresas que tengan conciertos de obras, servicios o suministros, cualquiera que sea su naturaleza con la Junta de Comunidades de Castilla-La Mancha.

d) 25% entre el interesado, su cónyuge e hijos menores en empresas que tenZ   n conciertos de obras, servicios o suministros, cualquiera que sea su naturaleza con la Junta de Comunidades de Castilla-La Mancha.

20. Los miembros del Consejo de Gobierno no podrán realizar actividades privadas relacionadas con expedientes sobre los que hayan dictado resolución en el ejercicio del cargo, ni celebrar contratos de asistencia técnica, de servicios o similares con la Administración de la Junta de Comunidades:

a) Durante el año siguiente a la fecha de su cese.
b) Durante los dos años siguientes a la fecha de su cese.
c) Durante los tres años siguientes a la fecha de su cese.
d) Durante los cuatro años siguientes a la fecha de su cese.

En MADTEST tienes **más preguntas de este tema**, y todos tus avances quedan registrados y se reflejan en el ranking.

¡Supera tus límites con MADTEST!

Solución al test n.º 2

1. a) Ley Orgánica 9/1982, de 10 de agosto.

2. c) Consta de 54 artículos y se estructura en un Título Preliminar, 6 Títulos, 3 disposiciones adicionales, siete disposiciones transitorias y una disposición final.

3. b) Siete primeros artículos del Estatuto.

4. b) Artículo 4.

5. b) Ley 11/2003, de 25 de septiembre.

6. b) Excelencia.

7. d) De tres quintos de los miembros del Pleno de la Cámara.

8. a) Simple de los Diputados.

9. b) Absoluta de los Diputados.

10. b) 15% de los Diputados.

11. d) Cuando se encuentre convocado un proceso electoral estatal.

12. a) Título I.

13. d) Todas las anteriores.

14. c) La mitad de los restantes miembros.

15. b) Sin votación formal.

16. a) Los documentos que se presenten, hasta que éste los haya publicado, tendrán el carácter de reservado y las deliberaciones, el de secreto.

17. d) No son públicas.

18. c) Precisaran la ratificación de aquéllas cuando la causa de cese sea la celebración de elecciones regionales.

19. a) 10% entre el interesado, su cónyuge e hijos menores en empresas que tengan conciertos de obras, servicios o suministros, cualquiera que sea su naturaleza con la Junta de Comunidades de Castilla-La Mancha.

20. b) Durante los dos años siguientes a la fecha de su cese.

TEST N.º 3

Ley General de Sanidad: Organización general del Sistema Sanitario Público; Los Servicios de Salud de las Comunidades Autónomas y las Áreas de Salud

1. Señala cuál de las siguientes es una de las funciones del Consejo de Gobierno de la Junta de Comunidades de Castilla-La Mancha:

a) Controlar e inspeccionar las actividades del Sistema Sanitario de Castilla-La Mancha y su adecuación al Plan de Salud.

b) Aprobar el reglamento de estructura y funcionamiento del Servicio de Salud de Castilla-La Mancha en los términos marcados en la Ley de Ordenación Sanitaria.

c) Autorizar, catalogar y, en su caso, acreditar los centros, servicios y actividades sanitarias, así como el mantener los registros pertinentes.

d) Aprobar la delimitación, dentro de las Áreas de Salud, de las Zonas Básicas de Salud y de cualquier otra ordenación.

2. ¿Cuál es la definición de Sistema Nacional de Salud que establece la Ley General de Sanidad (Ley 14/1986, de 25 de abril)?

a) Es el conjunto de los Servicios de Salud de las Comunidades Autónomas, coordinados en el Consejo Interterritorial del Sistema Nacional de Salud.

b) Es el conjunto de los Servicios de Salud dependientes del Instituto Nacional de la Salud y de los Servicios de Salud de las Comunidades Autónomas en los términos establecidos en la Ley General de Sanidad.

c) Es el conjunto de los Servicios de Salud de la Administración del Estado y de los Servicios de Salud de las Comunidades Autónomas en los términos establecidos en la Ley General de Sanidad.

d) Es el conjunto de los servicios de Salud de las Comunidades Autónomas y de las Corporaciones Locales en los términos establecidos en la Ley General de Sanidad.

3. El objeto de la Ley General de Sanidad es:

a) La reforma del sistema sanitario privado.

b) Las necesidades de mejora en los servicios prestados a los ciudadanos extranjeros.

c) La distribución de competencias entre el Estado y las Comunidades Autónomas y las Corporaciones Locales.

d) Hacer efectivo el derecho a la protección de la salud.

4. Según dispone la Ley 14/1986, de 25 de abril, General de Sanidad, son titulares del derecho a la protección de la salud y a la atención sanitaria:

a) Únicamente los ciudadanos manchegos.

b) Todos los españoles.

c) Cualquier ciudadano.

d) Todos los españoles y los ciudadanos extranjeros que tengan establecida su residencia en España.

5. Los medios y actuaciones del sistema sanitario estarán orientados prioritariamente a:

a) La curación y la rehabilitación.

b) La promoción de la salud.

c) Atender los grupos de riesgos desde el punto de vista sanitario.

d) La promoción de la salud y la prevención de las enfermedades.

6. ¿Cómo se denominan –según lo dispuesto en la Ley General de Sanidad– las estructuras fundamentales del sistema sanitario en las Comunidades Autónomas, responsables de la gestión unitaria de los Centros y establecimientos de los Servicios de Salud de las Comunidades Autónomas?

a) Centros hospitalarios.

b) Áreas de Salud.

c) Delegaciones Provinciales de Salud.

d) Centros de Salud.

7. ¿En qué artículo de la Constitución de 1978 se reconoce el derecho a la protección de la salud de todos los ciudadanos?

a) En el artículo 23.

b) En el artículo 32.

c) En el artículo 34.

d) En el artículo 43.

8. Las Áreas de salud se distribuyen, de forma desconcentrada, en demarcaciones territoriales delimitadas, teniendo en cuenta factores de diversa índole, pero sobre todo, respondiendo a unas ideas principales, entre las que no figura:

a) Proximidad de los servicios a los usuarios.

b) Gestión descentralizada.

c) Gestión participativa.
d) Recursos económicos de la comunidad.

9. ¿A quién corresponde elaborar el reglamento de composición y funcionamiento del Servicio de Salud de Castilla-La Mancha?

a) A la Consejería competente en materia de sanidad.
b) Al Consejo de Gobierno de la Junta de Comunidades de Castilla-La Mancha.
c) Al Ministerio competente en materia sanitaria.
d) Al Consejo Económico y Social.

10. La ordenación territorial de los Servicios de Salud será competencia:

a) Del Estado.
b) De las Comunidades Autónomas.
c) De los Ayuntamientos.
d) De las Diputaciones Provinciales.

11. Señala la respuesta incorrecta respecto al Consejo de Dirección del Área de Salud:

a) El Consejo de Dirección estará formado por la representación de la Comunidad Autónoma, que supondrá el 50 por 100 de los miembros de aquel, y los representantes de las Corporaciones Locales, elegidos por quienes ostenten tal condición en el Consejo de Salud.
b) Al Consejo de Dirección del Área de Salud corresponde formular las directrices en política de salud y controlar la gestión del Área, dentro de las normas y programas generales establecidos por la Administración autonómica.
c) Al Consejo de Dirección le corresponde el establecimiento de los criterios generales de coordinación en el Área de Salud.
d) Una de las funciones del Consejo de Dirección del Área es la aprobación del proyecto del Plan de Salud del Área, dentro de las normas, directrices y programas generales establecidos por la Comunidad Autónoma.

12. ¿Qué título de la Ley 14/1986, de 25 de abril, General de Sanidad, regula la estructura del sistema sanitario público?

a) El Título II.
b) El Título III.
c) El Título V.
d) El Título VI.

13. Señala cuál de los siguientes no es uno de los factores a tener en cuenta a la hora de delimitar las áreas de salud:

a) Factores socioeconómicos.
b) Factores religiosos.

c) Factores culturales.
d) Factores climatológicos.

14. Como regla general, y sin perjuicio de las excepciones a que hubiera lugar, el Área de Salud extenderá su acción a una población:

a) No inferior a 50.000 habitantes ni superior a 150.000.
b) No inferior a 100.000 habitantes ni superior a 250.000.
c) No inferior a 200.000 habitantes ni superior a 250.000.
d) No inferior a 200.000 habitantes ni superior a 350.000.

15. Señala la respuesta incorrecta respecto a las Áreas de Salud:

a) Cada Área de Salud estará vinculada o dispondrá, al menos, de un hospital general, con los servicios que aconseje la población a asistir, la estructura de esta y los problemas de salud.
b) El hospital es el establecimiento encargado tanto del internamiento clínico como de la asistencia especializada y complementaria que requiera su zona de influencia.
c) Las Áreas de Salud se delimitarán teniendo en cuenta factores geográficos, socioeconómicos, demográficos, laborales, epidemiológicos, culturales, climatológicos y de dotación de vías y medios de comunicación, así como las instalaciones sanitarias del Área.
d) En todo caso, cada provincia tendrá, como mínimo, dos Áreas de Salud.

16. A tenor del artículo 57 de la Ley 14/1986, el órgano de participación de las Áreas de Salud es:

a) El Consejo de Salud de Área.
b) El Consejo de Dirección de Área.
c) El Gerente de Área.
d) El Comité de Participación del Área.

17. Los Consejos de Salud de Área están constituidos por:

a) Las organizaciones sindicales más representativas, en una proporción no inferior al 50 por 100, a través de los profesionales sanitarios titulados.
b) La Administración Sanitaria del Área de Salud.
c) La representación de los ciudadanos a través de las Corporaciones Locales comprendidas en su demarcación, que supondrá el 25 por 100 de sus miembros.
d) Todas las respuestas son correctas.

18. Una de las funciones del Consejo de Salud de Área es:

a) Proponer medidas a desarrollar en el Área de Salud para estudiar los problemas sanitarios específicos de la misma, así como sus prioridades.
b) La aprobación de las prioridades específicas del Área de Salud.

c) La propuesta de nombramiento y cese del gerente del Área de Salud.

d) La aprobación de la Memoria anual del Área de salud.

19. Señala la respuesta incorrecta respecto al Gerente del Área de Salud:

a) Es el encargado de la ejecución de las directrices establecidas por el Consejo de Dirección, de las propias del Plan de Salud del Área y de las normas correspondientes a la Administración autonómica y del Estado.

b) Es el órgano de gestión del Área.

c) Puede, previa convocatoria, asistir con voz y voto, a las reuniones del Consejo de Dirección.

d) Es nombrado y cesado por la Dirección del Servicio de Salud de la Comunidad Autónoma, a propuesta del Consejo de Dirección del Área.

20. ¿A quién corresponde la elaboración del Plan de Salud de Castilla-La Mancha?

a) A la Consejería competente en materia de sanidad.

b) Al Consejo de Gobierno de Castilla-La Mancha.

c) Al Ministerio competente en materia sanitaria.

d) Al Consejo Económico y Social.

Solución al test n.º 3

1. b) Aprobar el reglamento de estructura y funcionamiento del Servicio de Salud de Castilla-La Mancha en los términos marcados en la Ley de Ordenación Sanitaria.

2. c) Es el conjunto de los Servicios de Salud de la Administración del Estado y de los Servicios de Salud de las Comunidades Autónomas en los términos establecidos en la Ley General de Sanidad.

3. d) Hacer efectivo el derecho a la protección de la salud.

4. d) Todos los españoles y los ciudadanos extranjeros que tengan establecida su residencia en España.

5. d) La promoción de salud y prevención de las enfermedades.

6. b) Áreas de Salud.

7. d) En el artículo 43.

8. d) Recursos económicos de la comunidad.

9. a) A la Consejería competente en materia de sanidad.

10. b) De las Comunidades Autónomas.

11. a) El Consejo de Dirección estará formado por la representación de la Comunidad Autónoma, que supondrá el 50 por 100 de los miembros de aquel, y los representantes de las Corporaciones Locales, elegidos por quienes ostenten tal condición en el Consejo de Salud.

12. b) El Título III.

13. b) Factores religiosos.

14. c) No inferior a 200.000 habitantes ni superior a 250.000.

15. d) En todo caso, cada provincia tendrá, como mínimo, dos Áreas de Salud.

16. a) El Consejo de Salud de Área.

17. b) La Administración Sanitaria del Área de Salud.

18. a) Proponer medidas a desarrollar en el Área de Salud para estudiar los problemas sanitarios específicos de la misma, así como sus prioridades.

19. c) Puede, previa convocatoria, asistir con voz y voto, a las reuniones del Consejo de Dirección.

20. a) A la Consejería competente en materia de sanidad.

TEST N.º 4

Ley de Ordenación Sanitaria de Castilla-La Mancha: Disposiciones generales; Plan de Salud de Castilla-La Mancha; Competencias de las Administraciones Públicas. El Servicio de Salud de Castilla-La Mancha (SESCAM): funciones, organización y estructura

1. Las Estrategias del Plan de Salud de Castilla La Mancha se desarrollan en Planes específicos. Uno de los Planes específicos es el:

a) Plan Nacional de Adicciones.
b) Plan Integral de Atención Sociosanitaria.
c) Plan de personal estatutario del Sistema sanitario público de Castilla-La Mancha.
d) Plan de nuevas tecnologías.

2. Una de las cuatro líneas estratégicas del vigente Plan de Salud de Castilla-La Mancha es:

a) Garantía de sostenibilidad del sistema sanitario público.
b) La equidad en salud.
c) Cambio del modelo organizativo del sistema sanitario.
d) Calidad y seguridad de la atención en el marco de la humanización de la asistencia

3. Uno de los cinco principios básicos del vigente Plan de Salud de Castilla-La Mancha es:

a) La equidad en salud.
b) Humanización de la asistencia sanitaria.
c) Los profesionales como valor esencial del sistema.
d) Sostenibilidad del sistema sanitario.

4. Uno de los diecisiete objetivos estratégicos del vigente Plan de Salud de Castilla-La Mancha es:

a) Potenciar el papel de la Atención Especializada como eje principal del sistema.
b) Centrar la asistencia sanitaria en la autonomía de los profesionales sanitarios.
c) Fortalecer la bioética entre los profesionales del ámbito sanitario.
d) Reforzar la formación en ética asistencial entre los profesionales del ámbito sanitario.

5. Es un objetivo estratégico del vigente Plan de Salud de Castilla-La Mancha:

a) Orientar la organización del sistema hacia el conocimiento y el abordaje de la cronicidad y prevención de la fragilidad.
b) Garantizar la sostenibilidad del sistema sanitario mejorando su efectividad y eficiencia.
c) Fomentar la participación ciudadana y avanzar en la corresponsabilidad del paciente.
d) Todas las anteriores respuestas son correctas.

6. La elaboración de informes de seguimiento del Plan de Salud de Castilla-La Mancha tendrá carácter:

a) Mensual.
b) Semestral.
c) Anual.
d) Bienal.

7. En 2021 está vigente el Plan de Salud de Castilla-La Mancha del periodo:

a) 2019-2024.
b) 2019-2025.
c) 2020-2024.
d) 2020-2025.

8. Es un principio informador de la Ley de Ordenación Sanitaria de Castilla-La Mancha:

a) Formación especializada en Salud Pública y Administración Sanitaria.
b) Participación en líneas de investigación relacionadas con las prioridades de salud en Castilla-La Mancha.
c) Evaluación de las tecnologías sanitarias
d) Adecuación de las prestaciones sanitarias a las necesidades de salud de la población.

9. La Ley de Ordenación Sanitaria de Castilla-La Mancha tiene por objeto:

a) Prevenir la enfermedad y proteger y promover la salud de las personas.
b) Actuar sobre los procesos y factores que más influyen en la salud individual y colectiva de las personas.
c) Regular las estructuras que configuran el Sistema Sanitario de Castilla-La Mancha.
d) Todas las anteriores respuestas son correctas.

10. ¿Cuál es la naturaleza jurídica del Servicio de Salud de Castilla-La Mancha?

a) Organismo autónomo.
b) Agencia administrativa.
c) Agencia pública sanitaria.
d) Empresa pública sanitaria.

11. El Servicio de Salud de Castilla-La Mancha tiene, entre otras, la siguiente función:

a) Conocer e informar el Plan de Salud de Castilla-La Mancha previamente a su aprobación, así como conocer sus revisiones, adaptaciones y el estado de ejecución.

b) Garantizar la cobertura universal y el acceso a las prestaciones de atención a la salud en condiciones de igualdad y equidad.

c) Velar para que las actuaciones de todos los servicios, centros y establecimientos sanitarios satisfagan las necesidades del Sistema Sanitario, se acomoden a la normativa sanitaria y se desarrollen de acuerdo con las necesidades sociales y las posibilidades económicas del sector público.

d) La ejecución y gestión de las prestaciones sanitarias, que le sean asignadas, mediante las actuaciones de promoción de la salud, prevención de la enfermedad, asistencia sanitaria y rehabilitación.

12. Según establece la Ley de ordenación sanitaria de Castilla-La Mancha, para la prestación de servicios sanitarios a través de medios ajenos al Sistema Sanitario de Castilla-La Mancha, se podrán establecer:

a) Acuerdos.
b) Consorcios de naturaleza pública.
c) Conciertos y convenios singulares.
d) Convenios colectivos.

13. Al regular la ordenación funcional de los servicios sanitarios, la Ley de ordenación sanitaria de Castilla-La Mancha establece cinco estructuras operativas. Una de ellas es:

a) La salud laboral.
b) La atención sociosanitaria.
c) La docencia e investigación.
d) La formación especializada.

14. Es una estructura física de la Zona Básica de Salud de Castilla-La Mancha, donde presta servicio el conjunto de profesionales que integran los Equipos de Atención Primaria:

a) El Ambulatorio.
b) El Consultorio local.
c) El Consultorio auxiliar.
d) El Centro de diagnóstico y tratamiento.

15. No forman parte de la red hospitalaria pública de Castilla-La Mancha:

a) Los centros hospitalarios integrados.
b) Los centros especializados de diagnóstico y tratamiento integrados.

c) Los centros hospitalarios no integrados con concierto para la realización de pruebas diagnósticas.

d) Los centros hospitalarios no integrados vinculados mediante convenio singular.

16. Conforme al Título VIII de la Ley de ordenación sanitaria de Castilla-La Mancha, es competencia del Consejo de Gobierno de la Junta de Comunidades de Castilla-La Mancha:

a) Aprobar el proyecto de presupuestos del Servicio de Salud de Castilla-La Mancha.

b) Ejercitar las competencias sancionadoras y de intervención pública para la protección de la salud.

c) Elaborar y proponer al Consejo de Gobierno el Plan de Salud de la Comunidad Autónoma.

d) Aprobar la delimitación, dentro de las Áreas de Salud, de las Zonas Básicas de Salud.

17. Conforme al Título VIII de la Ley de ordenación sanitaria de Castilla-La Mancha, es competencia de la Consejería competente en materia de sanidad de la Junta de Comunidades de Castilla-La Mancha:

a) Nombrar y cesar a la persona que ocupe la Dirección-Gerencia del Servicio de Salud de Castilla-La Mancha.

b) Establecer las directrices y los criterios generales de la política sanitaria en Castilla-La Mancha.

c) Aprobar el reglamento de estructura y funcionamiento del Servicio de Salud de Castilla-La Mancha.

d) Fomentar y regular la participación ciudadana en el Sistema Sanitario.

18. Conforme al Título VIII de la Ley de ordenación sanitaria de Castilla-La Mancha, es competencia de las Corporaciones locales de la Comunidad autónoma:

a) El control sanitario de industrias, actividades y servicios, transportes, ruidos y vibraciones.

b) Regular y controlar la publicidad sanitaria.

c) Ejercitar las competencias sancionadoras.

d) Aprobar el Plan de Salud de la correspondiente localidad.

19. Conforme al Título VIII de la Ley de ordenación sanitaria de Castilla-La Mancha, es competencia del Consejo de Gobierno de la Junta de Comunidades de Castilla-La Mancha:

a) Ejercitar las competencias sancionadoras y de intervención pública para la protección de la salud.

b) Controlar e inspeccionar las actividades del Sistema Sanitario de Castilla-La Mancha y su adecuación al Plan de Salud.

c) Autorizar la celebración de convenios con otras administraciones públicas para la prestación de servicios sanitarios.

d) Regular y controlar la publicidad sanitaria.

20. Conforme al Título VIII de la Ley de ordenación sanitaria de Castilla-La Mancha, es competencia de la Consejería competente en materia de sanidad de la Junta de Comunidades de Castilla-La Mancha:

a) Nombrar y cesar a las personas que integran el Consejo de Administración del Servicio de Salud de Castilla-La Mancha.

b) Aprobar y desarrollar la estructura básica del Sistema de Información sanitaria de Castilla-La Mancha.

c) Nombrar y cesar a la persona que ocupe la Dirección-Gerencia del Servicio de Salud de Castilla-La Mancha a propuesta del titular de la Consejería de Sanidad.

d) Control sanitario de industrias, actividades y servicios, transportes, ruidos y vibraciones.

En MADTEST tienes **más preguntas de este tema**, y todos tus avances quedan registrados y se reflejan en el ranking.

¡Supera tus límites con MADTEST!

Solución al test n.º 4

1. b) Plan Integral de Atención Sociosanitaria.

2. c) Cambio del modelo organizativo del sistema sanitario.

3. a) La equidad en salud.

4. c) Fortalecer la bioética entre los profesionales del ámbito sanitario.

5. d) Todas las anteriores respuestas son correctas.

6. c) Anual.

7. b) 2019-2025.

8. d) Adecuación de las prestaciones sanitarias a las necesidades de salud de la población.

9. c) Regular las estructuras que configuran el Sistema Sanitario de Castilla-La Mancha.

10. a) Organismo autónomo.

11. d) La ejecución y gestión de las prestaciones sanitarias, que le sean asignadas, mediante las actuaciones de promoción de la salud, prevención de la enfermedad, asistencia sanitaria y rehabilitación.

12. c) Conciertos y convenios singulares.

13. b) La atención sociosanitaria.

14. b) El Consultorio local.

15. c) Los centros hospitalarios no integrados con concierto para la realización de pruebas diagnósticas.

16. a) Aprobar el proyecto de presupuestos del Servicio de Salud de Castilla-La Mancha.

17. d) Fomentar y regular la participación ciudadana en el Sistema Sanitario.

18. a) El control sanitario de industrias, actividades y servicios, transportes, ruidos y vibraciones.

19. c) Autorizar la celebración de convenios con otras administraciones públicas para la prestación de servicios sanitarios.

20. b) Aprobar y desarrollar la estructura básica del Sistema de Información sanitaria de Castilla-La Mancha.

TEST N.º 5

El Estatuto Marco del Personal Estatutario de los Servicios de Salud (I): Normas generales. Clasificación del personal estatutario. Planificación y ordenación del personal. Derechos y deberes. Adquisición y pérdida de la condición de personal estatutario fijo

1. El Estatuto Marco del Personal Estatutario de los Servicios de Salud está regulado por:

a) Una Ley orgánica.
b) Una Ley ordinaria.
c) Un Real Decreto.
d) Un Reglamento.

2. La Ley 55/2003 del Estatuto Marco de Personal Estatutario de los Servicios de Salud es aplicable:

a) Al personal estatutario de los servicios de salud.
b) Al personal sanitario excluyendo al personal de gestión y servicios.
c) Al personal funcionario de las Comunidades Autónomas.
d) Al personal funcionario del Estado.

3. Conforme a lo dispuesto en el artículo 2.2 de la Ley 55/2003, de 16 de diciembre, del Estatuto Marco del personal estatutario de los servicios de salud, en lo no previsto en la misma serán aplicables al personal estatutario:

a) Las disposiciones y principios generales sobre función pública de la Administración correspondiente.
b) Las disposiciones de derecho laboral, dictadas al amparo del artículo 149.1.7º de la Constitución.
c) Las disposiciones sobre función pública de la Administración del Estado, en todo caso, conforme a lo dispuesto en el artículo 149.3 de la Constitución.
d) El convenio colectivo del personal laboral al servicio de la Administración correspondiente.

4. La Ley 55/2003 del Estatuto Marco de Personal Estatutario de los Servicios de Salud es de aplicación:

a) Al personal estatutario que integra las profesiones sanitarias.

b) Al personal estatutario que desempeña su función en los centros e instituciones sanitarias de los servicios de salud.

c) Al personal funcionario de los servicios de salud de las Comunidades Autónomas.

d) Al personal sanitario, excluyendo el personal de gestión y servicios.

5. El Estatuto Marco del personal estatutario considera a este personal como titular de una relación:

a) Funcionarial común.

b) Laboral común.

c) Estatutaria de la Seguridad Social.

d) Funcionarial especial.

6. El Estatuto Marco clasifica al personal estatutario de los servicios de salud, atendiendo a la función desarrollada, al nivel del título exigido para el ingreso y al tipo de su nombramiento en:

a) Personal estatutario sanitario y personal estatutario de gestión y servicios.

b) Personal estatutario facultativo, personal estatutario sanitario y personal no sanitario.

c) Personal estatutario de gestión y servicios y personal estatutario facultativo.

d) Todas las respuestas son correctas.

7. El personal estatutario con nombramiento expedido para el ejercicio de una profesión o especialidad sanitaria se denomina:

a) Personal sanitario.

b) Otro personal.

c) Personal de mantenimiento.

d) Personal de gestión y servicios.

8. El personal estatutario con nombramiento expedido para el desempeño de funciones de gestión o para el desempeño de profesiones u oficios que no tengan carácter sanitario se denomina:

a) Personal universitario.

b) Personal de gestión y servicios.

c) Personal directivo.

d) Personal administrativo.

9. Según establece el art. 8 de la Ley 55/2003, de 16 de diciembre, del Estatuto Marco de los Servicios de Salud, es personal estatutario fijo:

a) El que, una vez superado el correspondiente proceso selectivo, obtiene un nombramiento para el desempeño, con carácter permanente, de las funciones que de tal nombramiento se deriven.

b) Todo el personal al servicio de los Servicios de Salud.

c) El personal que realice una prestación de servicios determinados de naturaleza temporal, coyuntural o extraordinaria.

d) El personal en posesión de un contrato laboral indefinido.

10. Conforme al artículo 9.1 del Estatuto Marco (*en redacción dada por el Real Decreto-ley 12/2022, de 5 de julio, por el que se modifica la Ley 55/2003, de 16 de diciembre, del Estatuto Marco del personal estatutario de los servicios de salud*) los nombramientos del Personal Estatutario Temporal de los Servicios de Salud serán:

a) Únicamente de Personal Estatutario Sanitario.

b) Personal Estatutario Contratado.

c) De interinidad.

d) Como Personal Laboral.

11. Conforme al artículo 6.2 de la Ley 55/2003, de 16 de diciembre, del Estatuto Marco del personal estatutario de los servicios de salud, atendiendo al nivel académico del título exigido para el ingreso, el personal estatutario sanitario de formación profesional se divide en:

a) Técnicos sanitarios y Auxiliares de Enfermería.

b) Técnicos superiores y Técnicos.

c) Técnicos superiores y Técnicos de gestión.

d) Técnicos especialistas y Técnicos.

12. La categoría profesional de Celador está comprendida dentro del grupo de:

a) Personal de gestión y servicios.

b) Personal no estatutario.

c) Personal estatutario sanitario.

d) Personal estatutario de formación profesional.

13. Es personal Estatutario Sanitario:

a) El que ejerce una profesión o especialidad sanitaria.

b) El que ostenta esta condición en virtud de nombramiento expedido para el ejercicio de una profesión o especialización sanitaria.

c) El que desempeña una categoría clasificada como sanitaria.
d) Quien ejerza una profesión sanitaria sin ostentar la condición de funcionario.

14. El personal Estatutario de Gestión y Servicio se clasifica en función del título exigido para el ingreso en:

a) Personal de formación universitaria, personal de formación profesional y otro personal.
b) Personal universitario, personal de formación profesional y personal subalterno.
c) Personal licenciado universitario, personal de administración y personal auxiliar.
d) Ninguna es correcta.

15. En el supuesto de existencia de plaza vacante, son estatutarios interinos los que, por razones expresamente justificadas de necesidad y urgencia, son nombrados como tales con carácter temporal para el desempeño de funciones propias de estatutarios, cuando no sea posible su cobertura por personal estatutario fijo, durante un plazo máximo de:

a) Dos años.
b) Tres años.
c) Cuatros años.
d) Seis años.

16. El incumplimiento del plazo máximo de permanencia dará lugar a una compensación económica para el personal estatutario temporal afectado, que será equivalente a:

a) Veinte días de sus retribuciones fijas por año de servicio.
b) Veinte días de su sueldo, más trienios y complemento de destino por año de servicio.
c) Veinte días de todas sus retribuciones por año de servicio.
d) Veinte días de su sueldo por año de servicio.

17. El objetivo de constituir un ámbito de diálogo e información de carácter laboral, así como de promover el desarrollo armónico de los recursos humanos del Sistema Nacional de Salud, se articula a través de:

a) El Consejo Interterritorial del Sistema Nacional de Salud.
b) La Comisión de Recursos Humanos del Sistema Nacional de Salud.
c) La Consejería de Salud de la correspondiente Comunidad Autónoma.
d) El Foro Marco para el Diálogo Social.

18. No constituye un derecho individual del personal estatutario:

a) La estabilidad en el empleo.
b) La movilidad voluntaria.
c) El descanso necesario.
d) La negociación colectiva.

19. El régimen de derechos del personal estatutario será aplicable al personal temporal:

a) En la medida en que la naturaleza del derecho lo permita.
b) En todo caso.
c) En ningún caso.
d) Solo cuando así se establezca en su nombramiento.

20. En relación con los derechos y deberes regulados en el Estatuto Marco, no se considera un derecho colectivo:

a) La huelga.
b) La actividad sindical.
c) La reunión.
d) La estabilidad en el empleo.

Solución al test n.º 5

1. b) Una Ley ordinaria.

2. a) Al personal estatutario de los servicios de salud.

3. a) Las disposiciones y principios generales sobre función pública de la Administración correspondiente.

4. b) Al personal estatutario que desempeña su función en los centros e instituciones sanitarias de los servicios de salud.

5. d) Funcionarial especial.

6. a) Personal estatutario sanitario y personal estatutario de gestión y servicios.

7. a) Personal sanitario.

8. b) Personal de gestión y servicios.

9. a) El que, una vez superado el correspondiente proceso selectivo, obtiene un nombramiento para el desempeño, con carácter permanente, de las funciones que de tal nombramiento se deriven.

10. c) De interinidad.

11. b) Técnicos superiores y Técnicos.

12. a) Personal de gestión y servicios.

13. b) El que ostenta esta condición en virtud de nombramiento expedido para el ejercicio de una profesión o especialización sanitaria.

14. a) Personal de formación universitaria, personal de formación personal y otro personal.

15. b) Tres años.

16. a) Veinte días de sus retribuciones fijas por año de servicio.

17. d) El Foro Marco para el Diálogo Social.

18. d) La negociación colectiva.

19. a) En la medida en que la naturaleza del derecho lo permita.

20. d) La estabilidad en el empleo.

TEST N.º 6

El Estatuto Marco del Personal Estatutario de los Servicios de Salud (II): Provisión de Plazas, selección y promoción interna. Movilidad del personal. Carrera profesional

1. No es un principio básico de la provisión de plazas del personal estatutario:

a) Igualdad, mérito, capacidad y publicidad en la selección, promoción y movilidad del personal de los servicios de salud.

b) Movilidad del personal en el conjunto de las Administraciones Públicas.

c) Coordinación, cooperación y mutua información entre las Administraciones sanitarias públicas.

d) Integración en el régimen organizativo y funcional del servicio de salud y de sus instituciones y centros.

2. La provisión de plazas de personal estatutario se realizará:

a) Por los sistemas de selección de personal, de promoción interna y de movilidad.

b) Por los sistemas de selección de personal y movilidad.

c) Por los sistemas de selección y provisión de puestos.

d) Por los sistemas de selección de personal, de promoción interna y de movilidad, así como por reingreso al servicio activo en los supuestos y mediante el procedimiento que en cada servicio de salud se establezcan.

3. Para el ingreso en el subgrupo C1 de las categorías de personal estatutario, se exige la titulación:

a) De graduado en educación secundaria obligatoria.

b) De bachiller o técnico.

c) De técnico superior.

d) De certificado de escolaridad.

4. La selección del personal estatutario se efectuará mediante procedimientos que garanticen:

a) Los principios de igualdad y mérito.

b) Los principios de igualdad, mérito y celeridad.

c) Los principios de igualdad, mérito, celeridad y competencia.
d) Los principios de igualdad, mérito, capacidad y competencia.

5. La selección del personal estatutario se efectuará con carácter general a través del sistema:

a) De oposición.
b) De concurso-oposición.
c) De concurso de méritos.
d) De libre designación.

6. Los miembros de los órganos de selección deberán:

a) Ostentar la condición de personal estatutario fijo.
b) Ostentar la condición de personal estatutario o laboral.
c) Ostentar la condición de funcionario de carrera o estatutario fijo de las Administraciones Públicas o laboral de los centros vinculados al Sistema Nacional de Salud.
d) Ostentar la condición de personal funcionario, estatutario o laboral del Sistema Nacional de Salud.

7. La selección del personal estatutario temporal se efectuará a través de:

a) Los mismos procedimientos que el personal fijo.
b) Procedimientos que permitan la máxima agilidad en la selección.
c) Procedimientos que permitan la máxima objetividad en la selección.
d) Procedimientos que permitan la máxima celeridad y seguridad.

8. El período de prueba del personal estatutario temporal, en el caso de que tuvieran formación universitaria, no podrá ser superior, en tiempo de trabajo efectivo, a:

a) Tres meses.
b) Dos meses.
c) Cuatro meses.
d) Un mes.

9. Los aspirantes seleccionados en la oposición, concurso o concurso-oposición deberán superar un período formativo, o de prácticas:

a) En todo caso.
b) Si así se establece en la convocatoria, y como parte del proceso selectivo.
c) Si así se establece en la convocatoria pero sin formar parte del proceso selectivo.
d) Si así lo estima el Tribunal de Selección.

10. Para poder acceder, mediante promoción interna y dentro de su servicio de salud de destino, a nombramientos correspondientes a otra categoría, será exigible siempre:

a) Ser personal estatutario fijo.
b) Haber prestado servicios durante cinco años en la categoría de origen.

c) Ambas son correctas.
d) Ninguna de las respuestas anteriores son correctas.

11. Cuando de un procedimiento de movilidad voluntaria de personal estatutario, se derive cambio en el servicio de salud de destino:

a) El plazo de toma de posesión será de 30 días hábiles.
b) El plazo de toma de posesión será de un mes.
c) El plazo de toma de posesión será de 15 días hábiles.
d) El plazo de toma de posesión será de 3 días hábiles.

12. ¿Cuándo podrá ser cubierta una plaza en comisión de servicios?

a) Por necesidades del servicio en cualquier momento.
b) Cuando se encuentre vacante o temporalmente desatendida.
c) Por necesidades del servicio y cuando se encuentre vacante o temporalmente desatendida.
d) Cuando la solicita un interesado y exista vacante.

13. Podrá concurrir a las pruebas selectivas, por el sistema de promoción interna, el personal estatutario fijo que se encuentre en servicio activo y con nombramiento como personal estatutario fijo, en la categoría de procedencia, durante al menos:

a) 2 años.
b) 3 años.
c) 4 años.
d) 5 años.

14. Los procedimientos de selección de personal estatutario temporal se basarán en diferentes principios recogidos en el artículo 33.1 del Estatuto Marco del personal estatutario de los servicios de salud, entre los que no está el principio de:

a) Mérito.
b) Publicidad.
c) Solidaridad.
d) Capacidad.

15. Según el Estatuto Marco, cuando la selección para personal estatutario fijo de los Servicios de Salud se realice en función de las características socio-profesionales del colectivo que pueda acceder a las pruebas o de las funciones a desarrollar, se podrá realizar a través del sistema de:

a) Oposición.
b) Concurso-oposición.
c) Concurso.
d) Promoción interna.

16. Solo una de las siguientes afirmaciones referidas a la "movilidad voluntaria" es cierta dentro de las prescripciones del Estatuto Marco del personal estatutario. ¿Cuál?:

a) Los procedimientos se han de efectuar cada dos años.
b) Se garantiza en términos de igualdad efectiva entre los diferentes Servicios de Salud.
c) En casos excepcionales se pueden resolver los procedimientos por libre designación.
d) El plazo posesorio en el nuevo destino es siempre de un mes.

17. Cuando de un procedimiento de movilidad se derive cambio del servicio de salud de destino, el Estatuto Marco establece un plazo posesorio de:

a) Un mes.
b) Treinta días.
c) Quince días.
d) Diez días.

18. ¿Qué capítulo del Estatuto Marco del Personal Estatutario de los Servicios de Salud se refiere a la movilidad del personal?

a) Capítulo V.
b) Capítulo VII.
c) Capítulo VIII.
d) Capítulo XII.

19. Según el Estatuto Marco del Personal Estatutario, el período de prueba al que puede estar sujeto el personal temporal no excederá:

a) De la mitad de la duración del nombramiento, si ésta está precisada en el mismo.
b) 6 meses.
c) 12 meses.
d) 9 meses.

20. Conforme al Estatuto marco, el personal estatutario puede ser destinado a centros o unidades fuera del ámbito previsto en su nombramiento:

a) Previa resolución motivada y con las garantías que en cada caso se dispongan.
b) En cualquier momento sin notificación previa, si lo autoriza la Junta de personal.
c) Por petición del personal estatutario.
d) Sólo por motivos de conciliación familiar.

En MADTEST tienes **más preguntas de este tema**, y todos tus avances quedan registrados y se reflejan en el ranking.

¡Supera tus límites con MADTEST!

Solución al test n.º 6

1. b) Movilidad del personal en el conjunto de las Administraciones Públicas.

2. d) Por los sistemas de selección de personal, de promoción interna y de movilidad, así como por reingreso al servicio activo en los supuestos y mediante el procedimiento que en cada servicio de salud se establezcan.

3. b) De bachiller o técnico.

4. d) Los principios de igualdad, mérito, capacidad y competencia.

5. b) De concurso-oposición.

6. c) Ostentar la condición de funcionario de carrera o estatutario fijo de las Administraciones Públicas o laboral de los centros vinculados al Sistema Nacional de Salud.

7. b) Procedimientos que permitan la máxima agilidad en la selección.

8. a) Tres meses.

9. b) Si así se establece en la convocatoria, y como parte del proceso selectivo.

10. a) Ser personal estatutario fijo.

11. b) El plazo de toma de posesión será de un mes.

12. c) Por necesidades del servicio y cuando se encuentre vacante o temporalmente desatendida.

13. a) 2 años.

14. c) Solidaridad.

15. a) Oposición.

16. b) Se garantiza en términos de igualdad efectiva entre los diferentes Servicios de Salud.

17. a) Un mes.

18. b) Capítulo VII.

19. a) De la mitad de la duración del nombramiento, si ésta está precisada en el mismo.

20. a) Previa resolución motivada y con las garantías que en cada caso se dispongan.

El Estatuto Marco del Personal Estatutario de los Servicios de Salud (III): Retribuciones. Jornada de trabajo, permisos y licencias. Situaciones del personal estatutario. Régimen disciplinario. Incompatibilidades. Representación, participación y negociación colectiva

1. La ley 55/2003 estructura el sistema retributivo del personal estatutario en:

a) Retribuciones básicas, complementarias y productividad.
b) Retribuciones básicas, complementarias y específicas.
c) Retribuciones básicas, complementarias y pagas extra.
d) Retribuciones básicas y complementarias.

2. Conforme al Estatuto Marco del Personal Estatutario, las retribuciones básicas son:

a) El sueldo, los trienios y las pagas extraordinarias.
b) El salario base, los trienios y las pagas extras.
c) El sueldo, los quinquenios y las pagas extraordinarias.
d) Ninguna es correcta.

3. No es una retribución complementaria:

a) El complemento de destino.
b) El complemento específico.
c) El complemento de productividad.
d) El complemento de antigüedad.

4. El complemento de productividad:

a) Remunera al personal para atender a los usuarios de los servicios sanitarios de manera permanente.
b) Retribuye las condiciones particulares de algunos puestos en atención a su especial dificultad técnica, dedicación, responsabilidad, incompatibilidad, peligrosidad o penosidad.
c) Es el correspondiente al puesto que desempeñe.
d) Retribuye al especial rendimiento, interés o la iniciativa del titular del puesto.

5. El complemento específico:

a) Remunera al personal para atender a los usuarios de los servicios sanitarios de manera permanente.

b) Retribuye las condiciones particulares de algunos puestos en atención a su especial dificultad técnica, dedicación, responsabilidad, incompatibilidad, peligrosidad o penosidad.

c) Es el correspondiente al nivel del puesto que se desempeñe.

d) Retribuye el especial rendimiento, interés o la iniciativa del titular del puesto.

6. Según el Estatuto Marco, siempre que la duración de la jornada exceda de seis horas continuadas, deberá establecerse un periodo de descanso durante la misma de al menos:

a) 10 minutos.
b) 15 minutos.
c) 20 minutos.
d) 30 minutos.

7. La jornada realizada por el personal estatutario fuera de la jornada ordinaria de trabajo con el fin de garantizar la adecuada atención permanente al usuario de los centros sanitarios, se denomina:

a) Jornada extraordinaria.
b) Jornada complementaria.
c) Jornada partida.
d) Jornada de servicios localizados.

8. Las Comunidades Autónomas, en el ámbito de sus competencias, determinarán la limitación máxima de la jornada a tiempo parcial respecto a la jornada completa, con el límite máximo del:

a) El 80 % de la jornada ordinaria, en cómputo anual, o del que proporcionalmente corresponda si se trata de nombramiento temporal de menor duración.

b) El 75 % de la jornada ordinaria, en cómputo anual, o del que proporcionalmente corresponda si se trata de nombramiento temporal de menor duración.

c) El 70 % de la jornada ordinaria, en cómputo anual, o del que proporcionalmente corresponda si se trata de nombramiento temporal de menor duración.

d) El 50 % de la jornada ordinaria, en cómputo anual, o del que proporcionalmente corresponda si se trata de nombramiento temporal de menor duración.

9. El Estatuto Marco del personal estatutario regula las vacaciones anuales respecto de su duración en términos de:

a) Un mes.
b) Treinta días naturales.

c) No inferior a treinta días naturales.
d) El mes natural en que se disfrute.

10. Según el Estatuto Marco del personal estatutario, la situación de excedencia voluntaria por interés particular obliga a un periodo mínimo de permanencia en ella de:

a) Un año.
b) Dos años.
c) Doce meses.
d) No establece periodo mínimo.

11. Para poder obtener la excedencia voluntaria por interés particular es necesario haber prestado servicios efectivos en cualquiera de las Administraciones Públicas durante:

a) Los cinco años inmediatamente anteriores.
b) Los cuatro años inmediatamente anteriores.
c) El año inmediatamente anterior.
d) No se exige periodo mínimo de prestación efectiva de servicios.

12. ¿Qué tiempo máximo puede estar un trabajador en una situación de suspensión de funciones por sanción disciplinaria?

a) 6 años.
b) 1 mes.
c) 1 año.
d) 5 años.

13. En el Estatuto Marco se establece que el personal estatutario en comisión de servicios percibirá las retribuciones:

a) Correspondientes a las funciones especiales que realice en el puesto de destino.
b) De su plaza o puesto de origen.
c) Proporcional a cada Centro.
d) Correspondientes a la plaza o puesto efectivamente desempeñado, salvo que sean inferiores a las que correspondan por la plaza de origen, en cuyo caso se percibirán estas.

14. Según el Estatuto Marco entre las situaciones administrativas del personal es-tatutario puede estar:

a) Servicio preferente en otra Comunidad Autónoma.
b) En régimen de cesión en la Administración General de Estado.
c) Destacado en los Servicios provinciales de las Delegaciones de Hacienda.
d) Suspensión de funciones.

15. Según establece la Ley 55/2003, de 16 de diciembre, del Estatuto Marco del personal estatutario de los servicios de salud es falta muy grave:

a) La falta de obediencia debida a los superiores.

b) El descuido en el cumplimiento de las disposiciones expresas sobre seguridad y salud.

c) La aceptación de cualquier tipo de contraprestación por los servicios prestados a los usuarios de los servicios de salud.

d) La falta de asistencia durante más de cinco días continuados sin autorización ni causa justificada.

16. De acuerdo con el régimen disciplinario del personal estatutario, se considera muy grave:

a) El abandono del servicio.

b) El abuso de autoridad en el ejercicio de sus funciones.

c) Falta de obediencia debida a los superiores.

d) La incorrección con los superiores, compañeros, subordinados o usuarios.

17. Son faltas muy graves:

a) La falta de obediencia debida a los superiores.

b) El acoso sexual, cuando el sujeto activo del acoso cree con su conducta un entorno laboral intimidatorio, hostil o humillante para la persona que es objeto del mismo.

c) El incumplimiento del deber de respeto a la Constitución o al respectivo Estatuto de Autonomía en el ejercicio de sus funciones.

d) La aceptación de cualquier tipo de contraprestación por los servicios prestados a los usuarios de los Servicios de Salud.

18. El funcionario sancionado con la separación del servicio no podrá concurrir a las pruebas de selección para la obtención de la condición de personal estatutario fijo, ni prestar servicios como personal estatutario temporal, durante:

a) Los 6 años siguientes.

b) Los 5 años siguientes.

c) Los 10 años siguientes.

d) La separación del servicio es definitiva.

19. Cuando la suspensión de funciones se imponga por falta muy grave, no podrá superar:

a) Los seis años.

b) Los diez años.

c) Los doce años.

d) Los quince años.

20. Según el Estatuto Marco, las faltas graves prescribirán:

a) Al año.
b) A los dos años.
c) A los tres años.
d) A los cuatro años.

En MADTEST tienes **más preguntas de este tema**, y todos tus avances quedan registrados y se reflejan en el ranking.

¡Supera tus límites con MADTEST!

Solución al test n.º 7

1. d) Retribuciones básicas y complementarias.

2. a) El sueldo, los trienios y las pagas extraordinarias.

3. d) El complemento de antigüedad.

4. d) Retribuye al especial rendimiento, interés o la iniciativa del titular del puesto.

5. b) Retribuye las condiciones particulares de algunos puestos en atención a su especial dificultad técnica, dedicación, responsabilidad, incompatibilidad, peligrosidad o penosidad.

6. b) 15 minutos.

7. b) Jornada complementaria.

8. b) El 75 % de la jornada ordinaria, en cómputo anual, o del que proporcionalmente corresponda si se trata de nombramiento temporal de menor duración.

9. c) No inferior a treinta días naturales.

10. b) Dos años.

11. a) Los cinco años inmediatamente anteriores.

12. a) 6 años.

13. d) Correspondientes a la plaza o puesto efectivamente desempeñado, salvo que sean inferiores a las que correspondan por la plaza de origen, en cuyo caso se percibirán estas.

14. d) Suspensión de funciones.

15. d) La falta de asistencia durante más de cinco días continuados sin autorización ni causa justificada.

16. a) El abandono del servicio.

17. c) El incumplimiento del deber de respeto a la Constitución o al respectivo Estatuto de Autonomía en el ejercicio de sus funciones.

18. a) Los 6 años siguientes.

19. a) Los seis años.

20. b) A los dos años.

TEST N.º 8

La Ley de Prevención de Riesgos Laborales: Derechos y obligaciones; Consulta y participación de los trabajadores. Plan Perseo: procedimiento de actuación ante una situación de violencia en el centro de trabajo. Resolución de 27/03/2024, de la Dirección-Gerencia, del procedimiento para la certificación negativa del Registro Central de Delincuentes Sexuales y de Trata de Seres Humanos del personal de las instituciones sanitarias del Servicio de Salud de Castilla-La Mancha

1. Los representantes de los trabajadores con competencia en materia de prevención de riesgos laborales son:

a) Los miembros de la Junta de personal, Junta Facultativo y Junta de Enfermería.
b) Los técnicos de prevención de riesgos laborales.
c) El Servicio de Medicina Preventiva.
d) Los delegados de prevención.

2. ¿Qué se entiende por "riesgo laboral"?

a) La posibilidad de que un trabajador sufra un determinado daño derivado del trabajo.
b) La posibilidad de que un trabajador sufra una enfermedad en el trabajo.
c) La posibilidad de que un trabajador sufra acoso.
d) El riesgo que supone el ir a trabajar.

3. ¿Quién debe garantizar a los trabajadores la vigilancia periódica de su estado de salud en función de los riesgos inherentes al trabajo?

a) La Inspección de Trabajo.
b) El propio trabajador.
c) El empresario.
d) Las secciones sindicales.

4. El derecho básico reconocido a los trabajadores por la Ley 31/1995, de 8 de noviembre, es:

a) La vigilancia de su estado de salud.
b) Una protección eficaz en materia de seguridad y salud en el trabajo.
c) La formación en materia preventiva.
d) La información, consulta y participación.

5. Indicar cuál es la definición de prevención:

a) La probabilidad racional de que un riesgo se materialice de forma inminente.
b) El estudio de los procesos potencialmente peligrosos para el trabajo.
c) Conjunto de actividades o medidas adoptadas o previstas en todas las fases de actividad de la empresa con el fin de evitar o disminuir los riesgos derivados del trabajo.
d) Posibilidad de que un trabajador sufra un determinado daño derivado del trabajo.

6. Señala la respuesta incorrecta:

a) La Ley de Prevención de Riesgos Laborales se aplica a los operativos de Seguridad civil en casos de catástrofe.
b) La Ley de Prevención de Riesgos Laborales se aplica a las sociedades cooperativas.
c) En el ámbito de la relación laboral de carácter especial del servicio del hogar familiar, las personas trabajadoras tienen derecho a una protección eficaz en materia de seguridad y salud en el trabajo.
d) En los establecimientos penitenciarios, se adaptarán a la Ley de Prevención de Riesgos Laborales aquellas actividades cuyas características justifiquen una regulación especial.

7. ¿Cuál es la vigente Ley de Prevención de Riesgos Laborales?

a) Ley 32/1995, de 8 de noviembre.
b) Ley 30/1996, de 8 de noviembre.
c) Ley 31/1995, de 6 de noviembre.
d) Ley 31/1995, de 8 de noviembre.

8. Entre los principios de la acción preventiva recogidos por el artículo 15 de la Ley de Prevención de Riesgos Laborales, no figura:

a) Evitar los riesgos.
b) Evaluar los riesgos que se puedan evitar.
c) Tener en cuenta la evolución de la técnica.
d) Dar las debidas instrucciones a los trabajadores.

9. ¿Cuántos delegados de prevención se deberán elegir en empresas entre 3001 y 4000 trabajadores?

a) 5.
b) 6.

c) 7.
d) 8.

10. En las empresas de hasta 30 trabajadores el Delegado de Prevención será:

a) El propio empresario.
b) El trabajador más antiguo.
c) El trabajador de mayor cualificación.
d) El delegado de personal.

11. Según la Ley de Prevención de Riesgos Laborales, se constituirá un Comité de Seguridad y Salud en todas las empresas o centros de trabajo que cuenten con:

a) 30 o más trabajadores.
b) 50 o más trabajadores.
c) 75 o más trabajadores.
d) 100 o más trabajadores.

12. Entre las obligaciones de los trabajadores recogidas por la Ley de Prevención de Riesgos Laborales, no figura:

a) Informar directamente al empresario de cualquier situación que entrañe riesgo para la seguridad o salud de los trabajadores.
b) Contribuir al cumplimiento de las obligaciones establecidas por la autoridad competente con el fin de proteger la seguridad y la salud de los trabajadores en el trabajo.
c) Cooperar con el empresario para que este pueda garantizar unas condiciones de trabajo que sean seguras y no entrañen riesgos para la seguridad y la salud de los trabajadores.
d) Utilizar correctamente los medios y equipos de protección facilitados por el empresario, de acuerdo con las instrucciones recibidas de este.

13. La Ley 31/1995, de 8 de noviembre, de Prevención de Riesgos Laborales, ¿se aplica a los empleados de la Administración Pública?

a) Sí, sin distinciones.
b) A los funcionarios sí, al personal laboral no.
c) Al personal laboral sí, a los funcionarios no.
d) No se aplica ni a funcionarios ni a personal laboral.

14. El órgano paritario y colegiado de participación destinado a la consulta regular y periódica de las actuaciones de la empresa en materia de prevención de riesgos, es:

a) El Comité de Empresa.
b) El Consejo de Vigilancia de la Prevención.

c) La Comisión de Evaluación de Riesgos Laborales.

d) El Comité de Seguridad y Salud.

15. ¿Qué capítulo de la Ley 31/1995, de Prevención de Riesgos Laborales se refiere a los derechos y obligaciones?

a) Capítulo 2.

b) Capítulo 3.

c) Capítulo 4.

d) Capítulo 5.

16. La acción preventiva en la empresa:

a) Se planificará por el Comité de Seguridad y Salud a partir de una evaluación inicial de riesgos.

b) Se planificará por los Delegados de Prevención a partir de una evaluación inicial de riesgos.

c) Se planificará por el empresario a partir de una evaluación inicial de riesgos.

d) Se planificará por los Delegados de Personal a partir de una evaluación inicial de riesgos.

17. ¿Cuándo se deben utilizar los equipos de protección individual?

a) Siempre.

b) Cuando los riesgos no hayan sido evaluados.

c) Cuando los riesgos no se puedan evitar o no puedan limitarse.

d) Cuando el trabajador lo estime oportuno.

18. Cuando los trabajadores estén expuestos a un riesgo grave e inminente con ocasión de su trabajo, y el empresario no adopte o no permita la adopción de las medidas necesarias para garantizar la seguridad y la salud de los trabajadores, la Ley 31/1995, de 8 de noviembre, de Prevención de Riesgos Laborales prevé:

a) Los trabajadores afectados podrán paralizar la actividad.

b) El órgano de representación del personal instará formalmente al empresario a la adopción de las medidas necesarias.

c) Los Delegados de Prevención lo comunicarán a la autoridad laboral, que adoptará las medidas necesarias.

d) El órgano de representación de personal podrá acordar la paralización de la actividad.

19. ¿Pueden los trabajadores efectuar propuestas al empresario y a los órganos de participación para mejorar los niveles de protección de la seguridad y salud en la empresa?

a) No.

b) Sí.

c) Según el tamaño de la empresa.
d) Según el número de trabajadores.

20. Según establece el art. 4 de la Ley 31/1995, de 8 de noviembre, de Prevención de Riesgos Laborales, se define como daños derivados del trabajo:

a) La posibilidad de que un trabajador sufra un determinado daño derivado del trabajo.
b) El que resulte probable racionalmente que se materialice en un futuro inmediato y pueda suponer un daño grave para la salud de los trabajadores.
c) Las enfermedades, patologías o lesiones sufridas con motivo u ocasión del trabajo.
d) Cualquier máquina, aparato, instrumento o instalación utilizada en el trabajo.

En MADTEST tienes **más preguntas de este tema**, y todos tus avances quedan registrados y se reflejan en el ranking.

¡Supera tus límites con MADTEST!

Solución al test n.º 8

1. d) Los delegados de prevención.

2. a) La posibilidad de que un trabajador sufra un determinado daño derivado del trabajo.

3. c) El empresario.

4. b) Una protección eficaz en materia de seguridad y salud en el trabajo.

5. c) Conjunto de actividades o medidas adoptadas o previstas en todas las fases de actividad de la empresa con el fin de evitar o disminuir los riesgos derivados del trabajo.

6. a) La Ley de Prevención de Riesgos Laborales se aplica a los operativos de Seguridad civil en casos de catástrofe.

7. d) Ley 31/1995, de 8 de noviembre.

8. b) Evaluar los riesgos que se puedan evitar.

9. c) 7.

10. d) El delegado de personal.

11. b) 50 o más trabajadores.

12. a) Informar directamente al empresario de cualquier situación que entrañe riesgo para la seguridad o salud de los trabajadores.

13. a) Sí, sin distinciones.

14. d) El Comité de Seguridad y Salud.

15. b) Capítulo 3.

16. c) Se planificará por el empresario a partir de una evaluación inicial de riesgos.

17. c) Cuando los riesgos no se puedan evitar o no puedan limitarse.

18. d) El órgano de representación de personal podrá acordar la paralización de la actividad.

19. b) Sí.

20. c) Las enfermedades, patologías o lesiones sufridas con motivo u ocasión del trabajo.

TEST N.º 9

La atención primaria de salud. La Zona Básica de Salud, los Equipos de Atención Primaria y el Centro de Salud. La atención primaria de urgencias

1. Cuando en un sistema de atención a la salud hablamos de Atención Secundaria hacemos referencia:

a) Al nivel más básico y elemental del sistema.
b) A un nivel no básico sino especializado.
c) A un nivel superespecializado del sistema.
d) Ninguna respuesta es correcta.

2. Señale la respuesta incorrecta respecto al concepto de Atención Primaria:

a) Constituye el primer nivel de acceso ordinario de la población al Sistema Sanitario Público, y se caracteriza por prestar atención integral a la salud.
b) En los servicios de Atención Primaria el usuario halla respuesta a sus problemas más habituales de salud y enfermedad, y solo cuando el diagnóstico y tratamiento lo requieran y ya no pueda ser atendido con los medios de ese primer nivel, será derivado a la Atención Especializada.
c) La Atención Primaria se desarrolla al principio de la década de los sesenta, como una reacción en contra del sistema sanitario básicamente hospitalario y curativo, especializado, costoso, tecnificado, y alejado del individuo.
d) En los servicios de Atención Primaria el usuario halla respuesta a sus problemas más habituales de salud y enfermedad, y solo cuando el diagnóstico y tratamiento lo requieran y ya no pueda ser atendido con los medios de ese primer nivel, será derivado a la Atención Especializada.

3. ¿Dónde se realizó la Conferencia Internacional sobre Atención Primaria de Salud en la que se definió en su punto VI lo que debe entenderse por Atención Primaria?

a) En Boston.
b) En Berlín.
c) En Kiev.
d) En Alma-Ata.

4. ¿En qué fecha se hizo pública en Alma-Ata, capital de Kazajstán, antigua República Soviética, la Conferencia Internacional sobre Atención Primaria de Salud?

a) El 12 de septiembre de 1978.
b) El 15 de octubre de 1978.
c) El 19 de noviembre de 1978.
d) El 2 de enero de 1980.

5. Una de las características de la Atención Primaria de Salud:

a) Los Ambulatorios y los Consultorios han venido a sustituir a los Centros de Salud.
b) Se han instaurado nuevos horarios y régimen de personal, ya no es necesario una dedicación exclusiva al sistema sanitario público por parte de los profesionales.
c) Surge una nueva sectorización del territorio, desaparecen las Zonas Básicas de Salud.
d) Se crean nuevos profesionales que se incorporan, tales como los Trabajadores Sociales, Odontólogos, Farmacéuticos y Veterinarios y los Técnicos de Salud Pública.

6. Señale cuál de las siguientes no es una de las características de la Atención Primaria de Salud:

a) Se establecen nuevos servicios como la cita previa programada, Historia Clínica familiar e individual, Consultas de Enfermería, Consultas del «niño sano», Servicios de Información al Usuario, etc.
b) Surge una nueva concepción de la asistencia sanitaria, individual y colectiva, en la que no sólo se curan individuos enfermos sino que se promociona la salud y se educan individuos sanos.
c) Desaparecen antiguas áreas asistenciales tales como Salud laboral, Salud Mental, Asistencia social, Enfermos crónicos, etc.
d) Se crea una nueva sectorización del territorio, las Zonas Básicas de Salud.

7. Uno de los objetivos de la Atención Primaria de Salud es:

a) La promoción de la salud, prevención de la enfermedad y asistencia curativa.
b) La educación sanitaria de la población.
c) La planificación, organización y dirección y evaluación de los servicios sanitarios.
d) Todas las respuestas son correctas.

8. Uno de los objetivos de la Atención Primaria de Salud es:

a) La integración de la actividad sanitaria asistencial y la preventiva.
b) La elevación del nivel de calidad del sistema de salud, y del grado de satisfacción de usuarios y profesionales.
c) El diagnóstico continuado de la salud de la Zona.
d) Todas las respuestas son correctas.

9. Para la delimitación del ámbito territorial de cada Zona Básica de Salud se tendrán en cuenta criterios:

a) Deontológicos.
b) Accesorios.
c) Sociales.
d) Cualitativos.

10. Como norma general, una Zona Básica de Salud abarcará una población comprendida:

a) Entre los 5.000 y los 25.000 habitantes.
b) Entre los 40.000 y los 100.000 habitantes.
c) Entre los 5.000 y los 40.000 habitantes.
d) Entre los 25.000 y los 100.000 habitantes.

11. La participación en los Programas de Salud Mental, Laboral y Ambiental es:

a) Una de las actividades que se desarrollan en el Distrito de Atención Primaria.
b) Una de las funciones del Equipo Básico de Salud Mental.
c) Una de las directrices de actuación del Equipo de Atención Primaria.
d) Una de las funciones del Equipo de Atención Primaria.

12. Los municipios que no son cabecera de la Zona Básica de Salud:

a) Disponen de su propio Centro de Salud.
b) Disponen de su propio Centro de Atención Primaria.
c) Garantizan la asistencia de su población con el Centro de Salud del municipio cabecera.
d) Garantizan la asistencia de su población en el correspondiente Ambulatorio de Zona.

13. El personal de los Centros de Salud depende funcionalmente del:

a) Coordinador del Centro de Salud.
b) Administrador del Centro de Salud.
c) Director de Programas.
d) Coordinador Médico del Equipo.

14. Señale la definición correcta de Centro de Salud:

a) La estructura física y funcional que permite el adecuado desarrollo de una atención primaria de salud coordinada globalmente, integral, permanente y continuada, y con base en el trabajo de equipo de los profesionales sanitarios y no sanitarios que actúan en el mismo.
b) El establecimiento encargado tanto del internamiento clínico como de la asistencia especializada y complementaria que requiera su zona de influencia.

c) Institución sanitaria totalmente jerarquizada y provista de servicios capaces de realizar una asistencia ambulatoria completa a la población protegida por el Sistema Nacional de Salud, que le ha sido derivada en función de las exigencias emanadas de razones asistenciales objetivas.

d) Institución sanitaria en la que sólo se ofrece asistencia especializada en régimen ambulatorio.

15. Forma parte del Equipo de Atención Primaria:

a) El Director de Gestión y Servicios Generales.
b) El Gerente del Área de Salud.
c) Los Facultativos Especialistas del área hospitalaria.
d) Los Veterinarios de la Zona Básica de Salud.

16. El Reglamento de los Centros de Salud regulará, entre otros, el siguiente aspecto:

a) El sistema retributivo.
b) El régimen asistencial.
c) El régimen disciplinario.
d) El régimen patrimonial.

17. Cuando una Zona Básica de Salud está constituida por varios municipios:

a) Se fijará un municipio cabecera en el que se ubicará el Centro de Salud.
b) Se ubicará un Centro de Salud en cada municipio.
c) Se constituirá un Equipo de Atención Primaria en cada municipio.
d) Se fijará un municipio cabecera en el que se ubicará el único Centro de Atención Primaria que le corresponde a la Zona Básica de Salud.

18. El Centro de Salud del municipio cabecera de la Zona Básica de Salud no debe distar del resto de los municipios de la Zona:

a) Menos de 30 minutos.
b) Más de 30 minutos.
c) Más de 30 minutos con los medios habituales de locomoción.
d) Más de 30 minutos según la velocidad de traslado de una ambulancia.

19. ¿Cómo se conoce al grupo de trabajo que constituye el primer contacto del usuario con el Servicio Sanitario Público, a partir del cual se establece la continuidad de la atención sanitaria, y la derivación, en su caso, a las Instituciones del nivel especializado?

a) Equipo Técnico.
b) Equipo de Atención Primaria.
c) Equipo Primario de Salud.
d) Grupo Médico Inmediato.

20. El personal del Equipo de Atención Primaria depende funcionalmente de un Coordinador Médico, el cual, además de realizar las actividades específicas propias del cargo, desempeñará sus propias actividades como profesional del Equipo de Atención Primaria. El nombramiento del Coordinador Médico ha de recaer en:

a) Un médico especialista con más de cinco años de servicios.

b) Un médico especialista con más de diez años de servicios.

c) Uno de los componentes del Equipo de Atención Primaria.

d) Cualquiera de los componentes del Equipo de Atención Primaria siempre que demuestre que lleva prestando servicios en la Zona durante más de cinco años.

En MADTEST tienes **más preguntas de este tema**, y todos tus avances quedan registrados y se reflejan en el ranking.

¡Supera tus límites con MADTEST!

Solución al test n.º 9

1. b) A un nivel no básico sino especializado.

2. c) La Atención Primaria se desarrolla al principio de la década de los sesenta, como una reacción en contra del sistema sanitario básicamente hospitalario y curativo, especializado, costoso, tecnificado, y alejado del individuo.

3. d) En Alma-Ata.

4. a) El 12 de septiembre de 1978.

5. d) Se crean nuevos profesionales que se incorporan, tales como los Trabajadores Sociales, Odontólogos, Farmacéuticos y Veterinarios y los Técnicos de Salud Pública.

6. c) Desaparecen antiguas áreas asistenciales tales como Salud laboral, Salud Mental, Asistencia social, Enfermos crónicos, etc.

7. d) Todas las respuestas son correctas.

8. d) Todas las respuestas son correctas.

9. c) Sociales.

10. a) Entre los 5.000 y los 25.000 habitantes.

11. d) Una de las funciones del Equipo de Atención Primaria.

12. b) Disponen de su propio Centro de Atención Primaria.

13. d) Coordinador Médico del Equipo.

14. a) La estructura física y funcional que permite el adecuado desarrollo de una atención primaria de salud coordinada globalmente, integral, permanente y continuada, y con base en el trabajo de equipo de los profesionales sanitarios y no sanitarios que actúan en el mismo.

15. d) Los veterinarios de la Zona Básica de Salud.

16. b) El régimen asistencial.

17. a) Se fijará un municipio cabecera en el que se ubicará el Centro de Salud.

18. c) Más de 30 minutos con los medios habituales de locomoción.

19. b) Equipo de Atención Primaria.

20. c) Uno de los componentes del Equipo de Atención Primaria.

TEST N.º 10

La asistencia especializada. El área sanitaria. Los hospitales y los centros de especialidades. Estructura, Organización y Funcionamiento de los Hospitales

1. ¿En qué se diferencia la Atención Especializada de la Atención Primaria?

a) En que la Atención Especializada se presta en régimen ambulatorio y la Atención Primaria no.
b) En que la Atención Especializada se presta en régimen de urgencias y la Atención Primaria no.
c) En que solo la Atención Especializada ofrece la asistencia en régimen de internamiento.
d) Todas las respuestas son correctas.

2. ¿Cuál es la estructura física fundamental de la Atención Especializada?

a) El Centro de Salud.
b) El Ambulatorio.
c) El Consultorio.
d) El Hospital.

3. Uno de los objetivos de la Atención Especializada es:

a) Prestar asistencia ambulatoria especializada.
b) Posibilitar la hospitalización de los pacientes que lo precisen.
c) Poner sus Centros e Instituciones a disposición de la investigación y docencia en materia de salud.
d) Todas las respuestas son correctas.

4. Conforme a lo establecido en el artículo 65 de la LGS, los hospitales quedan adscritos a:

a) Un Distrito Sanitario.
b) Una Zona de Salud.
c) Un Área de Salud.
d) Una Demarcación Médica.

5. Los Servicios jerarquizados de Especialidades que por sus características deban prestar asistencia sanitaria a más de un Área de Salud se denominan:

a) Servicios de referencia.
b) Servicios comunes.
c) Servicios de área.
d) Servicios base.

6. Los hospitales tienen como función primordial la de:

a) Prestación de asistencia especializada.
b) Promoción de la salud.
c) Prevención de las enfermedades.
d) Todas las respuestas son correctas.

7. Los servicios médicos de la Atención Especializada incluyen, entre otras, la siguiente especialidad:

a) Urología.
b) Neurocirugía.
c) Anatomía Patológica.
d) Anestesia y Reanimación.

8. El acceso a los servicios hospitalarios se efectuará una vez que las posibilidades de diagnóstico y tratamiento de los servicios de atención primaria hayan sido superadas, salvo:

a) Que así lo autorice expresamente la dirección del centro.
b) En los casos de fuerza mayor.
c) En los casos de urgencia vital.
d) No caben excepciones a esta norma.

9. Los servicios y actividades de los hospitales se agrupan en las siguientes Divisiones:

a) Gerencia, División Médica, División de Enfermería y División de Gestión y Servicios Generales.
b) Secretaría, División Médica, División de Enfermería y División de Gestión.
c) Secretaría, División Técnica, División Médica y División de Enfermería.
d) Gerencia, Secretaría, División Médica y División de Gestión y Servicios Generales.

10. La División de Gerencia sólo existirá cuando las necesidades de la gestión así lo aconsejen y se apruebe por:

a) La División de Gestión y Servicios Generales.
b) La Secretaría General para Asuntos Técnicos-Sanitarios.

c) El Ministerio de Sanidad y Consumo.
d) El Ministerio de Administraciones Públicas.

11. ¿Cuál es el órgano unipersonal de dirección y gestión de cada División?

a) El Director Técnico General de la División.
b) El Director de la División.
c) El Gerente.
d) El Secretario.

12. ¿De quién dependen orgánica y funcionalmente los Directores de las Divisiones Médica, de Enfermería y de Gestión y de Servicios Generales?

a) Del Director Gerente.
b) Del Secretario General.
c) Del Director Médico del Área de Salud.
d) Del Subdirector Técnico General.

13. ¿A quién corresponde la representación del hospital y la superior autoridad y responsabilidad dentro del mismo?

a) Al Director Gerente.
b) Al Director Médico.
c) Al Director de Gestión y Personal.
d) Al Director de Enfermería.

14. ¿Cuál de las siguientes áreas de actividad no quedan adscritas a la Gerencia del hospital?

a) Control de gestión.
b) Admisión.
c) Recepción e información.
d) Estadística.

15. ¿A quién corresponde asegurar el desarrollo del Programa de Actividad y Control Asistencial, así como la organización de la docencia e investigación de Enfermería?

a) Al Director Gerente.
b) Al Director Médico.
c) Al Director de Enfermería.
d) Al Director de Gestión y Personal.

16. Corresponde al Director de Gestión y Servicios Generales el ejercicio de la siguiente función:

a) Desarrollar las funciones de gestión de personal.
b) Asegurar el desarrollo del Programa de Actividad y Control Asistencial, así como la organización de la docencia e investigación de Enfermería.

c) Definir y desarrollar los objetivos de la Enfermería del Hospital y Centros adscritos.

d) Todas las respuestas son correctas.

17. ¿A qué División queda adscrita el área de orden interno y seguridad y obras y mantenimiento?

a) A la División de Gestión y Servicios Generales.

b) A la División de Enfermería.

c) A la División Médica.

d) A la Gerencia.

18. ¿Quién preside la Comisión de Dirección en los hospitales en los que no existe Director Gerente?

a) El Director de Enfermería.

b) El Director Médico.

c) El Director de Personal.

d) El Subdirector Gerente.

19. ¿Con qué periodicidad se reúne la Comisión de Dirección?

a) Anualmente.

b) Semestralmente.

c) Trimestralmente.

d) Semanalmente.

20. ¿Cuál es el órgano colegiado de asesoramiento de la Comisión de Dirección del hospital, en lo relativo a actividad asistencial, así como de participación de los profesionales en el mecanismo de toma de decisiones que afecten a sus actividades?

a) La Comisión de Bienestar Social.

b) La Junta Técnico-Asistencial.

c) La Comisión Central de Garantía de la Calidad.

d) El Consejo Nacional de Asistencia Sanitaria.

Solución al test n.º 10

1. c) En que sólo la Atención Especializada ofrece la asistencia en régimen de internamiento.

2. d) El Hospital.

3. d) Todas las respuestas son correctas.

4. c) Un Área de Salud.

5. a) Servicios de referencia.

6. d) Todas las respuestas son correctas.

7. d) Anestesia y Reanimación.

8. c) En los casos de urgencia vital.

9. a) Gerencia, División Médica, División de Enfermería y División de Gestión y Servicios Generales.

10. c) El Ministerio de Sanidad y Consumo.

11. b) El Director de la División..

12. a) Del Director Gerente.

13. a) Al Director Gerente.

14. d) Estadística.

15. c) Al Director de Enfermería.

16. a) Desarrollar las funciones de gestión de personal.

17. a) A la División de Gestión y Servicios Generales.

18. b) El Director Médico.

19. d) Semanalmente.

20. b) La Junta Técnico-Asistencial.

TEST N.º 11

La ley de derechos y deberes en materia de salud en Castilla-La Mancha. La atención al usuario de las Instituciones Sanitarias de la Seguridad Social. La tarjeta individual sanitaria. El derecho a la información y a la confidencialidad. Manejo y traslado de documentación clínica

1. La Ley 5/2010, de 24 de junio, sobre derechos y deberes en materia de salud de Castilla-La Mancha, tiene por objeto regular:

a) En el marco de la legislación del Estado, los derechos y deberes en materia de salud, tanto de los pacientes y usuarios como de los profesionales en Castilla-La Mancha.

b) Los derechos y deberes en materia de salud, tanto de los pacientes y usuarios como de los profesionales en Castilla-La Mancha.

c) En el marco de la legislación básica del Estado, los derechos y deberes en materia de salud de los pacientes y usuarios en Castilla-La Mancha.

d) En el marco de la legislación básica del Estado, los derechos y deberes en materia de salud, tanto de los pacientes y usuarios como de los profesionales en Castilla-La Mancha.

2. Señala cuál de los siguientes no es un principio sobre el que se sustenten los derechos y deberes en la Ley 5/2010, de 24 de junio, sobre derechos y deberes en materia de salud de Castilla-La Mancha:

a) La promoción del interés de las personas por la salud, mediante una información adecuada y una mayor educación para la salud.

b) La corresponsabilidad y participación del paciente y usuario en el adecuado uso de las prestaciones y recursos y el respeto a los profesionales y a las normas de organización y funcionamiento de los centros, establecimientos y servicios sanitarios.

c) La equidad en el acceso al conjunto de los servicios y profesionales sanitarios disponibles, así como a recibir la asistencia sanitaria y los cuidados más adecuados a su estado de salud, sin que pueda producirse discriminación alguna de las personas con discapacidad.

d) El respeto a la objeción de conciencia de los profesionales sanitarios como manifestación del derecho a la autonomía de la voluntad.

3. El derecho a la asistencia sanitaria, la libre elección de profesional sanitario, la segunda opinión médica, el derecho sobre los tejidos o muestras biológicas, la garantía de tiempos máximos de respuesta, los relacionados con pacientes especialmente protegidos, la obtención de medicamentos y el derecho al acompañamiento, se califican en la Ley 5/2010, de 24 de junio, sobre derechos y deberes en materia de salud de Castilla-La Mancha, como:

a) Derechos relativos a la autonomía de la voluntad.
b) Derechos relativos a la documentación sanitaria.
c) Derechos relacionados con los servicios asistenciales.
d) Derechos relativos a la información sanitaria.

4. En relación con los derechos relativos a la intimidad y la confidencialidad, reconocidos en la Ley 5/2010, de 24 de junio, sobre derechos y deberes en materia de salud de Castilla-La Mancha, es correcto que:

a) Los centros, servicios y establecimientos sanitarios vigilarán que se guarde la confidencialidad de los datos referidos a la ideología, religión, creencias, origen racial, vida sexual, al hecho de haber sido objeto de malos tratos y, en general, cuantos datos o informaciones puedan tener especial relevancia para la salvaguarda de la intimidad personal y familiar.
b) Las personas que, en ejercicio de sus funciones, tengan acceso a los datos resultantes de la realización de los análisis genéticos podrán quedar sujetas al deber de secreto.
c) El derecho de confidencialidad no comprende la información referida al patrimonio genético.
d) Cuando la información obtenida, según criterio del médico responsable, sea necesaria para evitar un grave perjuicio para la salud del paciente y la de sus familiares, se informará al propio paciente y a un familiar próximo o, en su caso, a sus representantes, previa consulta del Comité de Ética Asistencial si lo hubiera.

5. En relación con la regulación del derecho a la información asistencial prevista en la Ley 5/2010, de 24 de junio, sobre derechos y deberes en materia de salud de Castilla-La Mancha, señala la respuesta incorrecta:

a) Deberá respetarse la voluntad del paciente de no ser informado. La renuncia al derecho a ser informado deberá formularse por cualquier medio que permita dejar constancia y se incorporará a la historia clínica.
b) El titular del derecho a la información asistencial es el paciente. Se informará a las personas vinculadas a él por razones familiares o de hecho en la medida en que este lo permita expresa o tácitamente.
c) Sin perjuicio del derecho del menor a recibir información sobre su salud en un lenguaje adecuado a su edad, madurez y estado psicológico, en el caso de menores de 16 años no emancipados se informará también a los padres o tutores.
d) Todas las respuestas anteriores son correctas.

6. El concepto de servicio para el público está relacionado con una serie de factores; señala cuál de los siguientes no es un factor relacionado:

a) Los elementos tangibles que tienen que ver con la apariencia de las instalaciones y el equipo.

b) El cumplimiento del desarrollo de servicio, de forma correcta y oportuna.

c) Un buen equilibrio emocional.

d) La competencia de los profesionales.

7. ¿Cómo definirías el término intencionalidad tan necesario en la relación interpersonal?

a) Es la idea inicial a partir de la cual se analizará y evaluará la situación, para emitir un juicio sobre lo que nos afecta y así plantear conductas y organizar acciones de acuerdo con la información que se posee.

b) Es la determinación de la voluntad en orden a conseguir un fin u objetivo.

c) Es el hacer consciente que se expresa en objetivos.

d) Es el estado afectivo del ánimo que se produce por causas que lo impresionan vivamente y según el cual se tomarán las decisiones.

8. Ante un usuario agresivo la mejor actitud será:

a) Dar información precisa y correcta sin dejar que se exprese.

b) Intentar calmarlo, escuchar y transmitir compresión.

c) Preocuparse por él, pero no decidir por él.

d) Dar argumentos aclaratorios y tomar la decisión por él.

9. Señala cuál no debe ser una actuación de el/la celador/a frente al profesional:

a) Actuar con naturalidad.

b) Mantener al usuario en suspense.

c) Ser sincero.

d) Emplear el nombre y apellido del usuario.

10. Señala cuál de las siguientes no es una función de la comunicación:

a) Es el medio por el cual se transmite un mensaje.

b) Proporciona la información que los individuos y grupos necesitan para tomar decisiones y evaluar opiniones alternativas.

c) Fomenta la motivación entre las personas.

d) Permite la integración social.

11. Está obligado a guardar secreto profesional:

a) El médico especialista.

b) El médico y el técnico especialista.

c) Todos los que intervengan en la acción sanitaria del paciente.
d) El médico, el técnico especialista, el enfermero y el TCAE.

12. El tiempo de vigencia del secreto profesional es hasta:

a) La duración de la relación con el paciente.
b) Toda la vida del paciente.
c) Los tres meses después de la relación con el paciente.
d) Incluso hasta después de la muerte del paciente.

13. ¿Qué condición es aquella que posee el secreto profesional del deber de guardar el hecho conocido cuando este pueda producir resultados nocivos o injustos sobre el paciente si se viola el mismo?

a) Condición moral.
b) Condición jurídica.
c) Condición legal.
d) Condición legítima.

14. ¿A quién obliga el secreto profesional a nivel de profesionales de la sanidad constituyentes de equipos o grupos de trabajo?

a) A los facultativos.
b) A los enfermeros.
c) A los auxiliares de enfermería.
d) A los profesionales integrantes del grupo de trabajo.

15. Cualquier menosprecio al secreto profesional será contrario a:

a) Los principios deontológicos de la práctica sanitaria.
b) Los principios éticos de la práctica sanitaria.
c) Los principios éticos y deontológicos de la práctica sanitaria.
d) Los principios éticos, deontológicos y legales de la práctica sanitaria.

16. El código de la historia individual, se encuentra compuesto por un total de:

a) Ocho dígitos.
b) Nueve dígitos.
c) Siete dígitos.
d) Diez dígitos.

17. Respecto al consentimiento informado es cierto que:

a) El consentimiento será siempre verbal.
b) El consentimiento será libre y voluntario.

c) Se realizará antes de recibir la información adecuada, para que tenga lugar una actuación que afecta a su salud.

d) El paciente no podrá revocar libremente por escrito su consentimiento.

18. ¿Cómo se denomina al documento emitido por el médico responsable en un centro sanitario al finalizar cada proceso asistencial de un paciente, que especifica los datos de este, un resumen de su historial clínico, la actividad asistencial prestada, el diagnóstico y las recomendaciones terapéuticas?

a) Informe de alta médica.
b) Consentimiento informado.
c) Certificado médico.
d) Todas son correctas.

19. ¿Qué contenido mínimo es exigible en la cumplimentación de una historia clínica cuando se trate de procesos de hospitalización o así se disponga?

a) El informe clínico de alta.
b) La aplicación terapéutica de enfermería.
c) La evolución y planificación de cuidados de enfermería.
d) Los informes de exploraciones complementarias.

20. Los centros sanitarios tienen la obligación de conservar la documentación clínica en condiciones que garanticen su correcto mantenimiento y seguridad, y como mínimo:

a) Dos años contados desde la fecha del alta de cada proceso asistencial.
b) Tres años contados desde la fecha del alta de cada proceso asistencial.
c) Cuatro años contados desde la fecha del alta de cada proceso asistencial.
d) Cinco años contados desde la fecha del alta de cada proceso asistencial.

En MADTEST tienes **más preguntas de este tema**, y todos tus avances quedan registrados y se reflejan en el ranking.

¡Supera tus límites con MADTEST!

Solución al test n.º 11

1. d) En el marco de la legislación básica del Estado, los derechos y deberes en materia de salud, tanto de los pacientes y usuarios como de los profesionales en Castilla-La Mancha.

2. d) El respeto a la objeción de conciencia de los profesionales sanitarios como manifestación del derecho a la autonomía de la voluntad..

3. c) Derechos relacionados con los servicios asistenciales.

4. a) Los centros, servicios y establecimientos sanitarios vigilarán que se guarde la confidencialidad de los datos referidos a la ideología, religión, creencias, origen racial, vida sexual, al hecho de haber sido objeto de malos tratos y, en general, cuantos datos o informaciones puedan tener especial relevancia para la salvaguarda de la intimidad personal y familiar.

5. a) Deberá respetarse la voluntad del paciente de no ser informado. La renuncia al derecho a ser informado deberá formularse por cualquier medio que permita dejar constancia y se incorporará a la historia clínica.

6. c) Un buen equilibrio emocional.

7. b) Es la determinación de la voluntad en orden a conseguir un fin u objetivo.

8. b) Intentar calmarlo, escuchándole, y transmitir compresión.

9. b) Mantener al usuario en suspense.

10. a) Es el medio por el cual se transmite un mensaje.

11. c) Todos los que intervengan en la acción sanitaria del paciente.

12. d) Incluso hasta después de la muerte del paciente.

13. a) Condición moral.

14. d) A los profesionales integrantes del grupo de trabajo.

15. d) Los principios éticos, deontológicos y legales de la práctica sanitaria.

16. a) Ocho dígitos.

17. b) El consentimiento será libre y voluntario.

18. a) Informe de alta médica.

19. a) El informe clínico de alta.

20. d) Cinco años contados desde la fecha del alta de cada proceso asistencial.

TEST N.º 12

El personal subalterno: Funciones Generales del Celador. Funciones de vigilancia. Funciones de asistencia al personal sanitario facultativo y no facultativo. Actuación en las habitaciones de los enfermos y las estancias comunes. Aseo del paciente. El Jefe de Personal Subalterno y sus funciones

1. ¿Cuál de las siguientes afirmaciones es correcta sobre el personal subalterno en la sanidad española?

a) El personal subalterno realiza tareas técnicas sin supervisión.

b) El personal subalterno se enmarca en una categoría homogénea.

c) Las funciones del personal subalterno dependen del puesto de trabajo ocupado y se realizan bajo supervisión.

d) En la sanidad española, el personal subalterno no se divide en escalas ni clases.

2. Los celadores/as, en el ejercicio de sus funciones:

a) Darán cuenta a los familiares y visitantes sobre diagnósticos, exploraciones y tratamientos.

b) Desempeñará tareas técnicas sanitarias específicas.

c) Harán los servicios de guardia que correspondan dentro de los turnos que se establezcan.

d) Hará cumplir las órdenes a sus compañeros.

3. Cuando el/la celador/a observe desperfectos o anomalías en la limpieza y conservación del edificio y material, lo deberá comunicar:

a) Al jefe de subalternos.

b) Al jefe de turnos.

c) Al personal de limpieza.

d) Al/a la responsable de planta o unidad donde ocurra el incidente.

4. Según el Estatuto de 1971, ¿cuál de las siguientes opciones describe correctamente las áreas de funciones del celador/a?

a) Las funciones del celador/a se dividen en tres áreas: guardia y vigilancia, cuidado del paciente, y tareas propias específicas.

b) Las funciones del celador/a solo se dividen en dos áreas: guardia y vigilancia, y cuidado del paciente.

c) Las funciones del celador/a se dividen en cuatro áreas: guardia y vigilancia, cuidado del paciente, tareas propias específicas, y administración.

d) Las funciones del celador/a no se dividen en áreas específicas.

5. Según el Estatuto de Personal no sanitario, ¿cuándo deberán los celadores realizar labores de limpieza de manera excepcional?

a) Nunca, no es función propia de un celador.

b) Cuando exista saturación de trabajo en el servicio en el que se encuentre y así se le encomiende.

c) Cuando su realización por el personal femenino no sea idónea o decorosa.

d) Cuando exista escasez de personal.

6. Señala cuál de las siguientes tareas deben desempeñar los celadores en los Centros sanitarios:

a) Amortajar a pacientes fallecidos.

b) Realizar las placas radiográficas.

c) Sujetar a los pacientes a los que se les va a realizar lavados gástricos o suturas.

d) Reducir a los pacientes psiquiátricos agitados.

7. Para que pueda denominarse a un número de personas, un grupo, es preciso que concurran una serie de elementos o circunstancias. Señala la respuesta incorrecta:

a) Tener personalidad propia, distinta a la de sus miembros.

b) Perfecta integración de todos sus miembros de modo que estén atemperados los caracteres de los mismos.

c) Decisión voluntaria y consciente por parte de los que lo forman.

d) Consecución de los fines individuales de los integrantes del grupo.

8. La dinámica o funcionamiento de un grupo de trabajo desde el punto de vista subjetivo incluye factores tales como:

a) Determinación del fin a obtener de modo transparente y conocido para todos sus miembros.

b) Decisión por el superior, quien tiene en cuenta las sugerencias de todos los miembros.

c) Capacidad y eficacia en la ejecución del trabajo.

d) Ejecución a través de las funciones de cada miembro.

9. ¿Cómo se denomina al conjunto de personas que desarrolla su labor en un espacio o institución sanitaria, donde cada uno realiza su trabajo, responde individualmente del mismo y no depende directamente del trabajo de sus compañeros?

a) Equipo.
b) Organización.
c) Organigrama.
d) Grupo.

10. Señala cuál de las siguientes características es imprescindible para que exista un equipo de trabajo:

a) Jerarquía.
b) Responsabilidad individual ante el trabajo.
c) Personas relacionadas entre sí.
d) Categorías laborales desiguales.

11. En una habitación de hospital habrá tantas unidades de pacientes como:

a) Pacientes haya en el hospital (incluido consultas externas).
b) Número de camas.
c) Pacientes haya en el hospital dividido por factor de corrección constante.
d) Número de camas multiplicado por factor de corrección constante.

12. ¿Qué útil o herramienta no debe poseer la unidad del paciente tipo?

a) Lencería de cama y accesorios.
b) Lámpara de luz directa.
c) Timbre de alarma.
d) Toma de oxígeno.

13. ¿De qué color deben ser pintados las paredes den una habilitación de un hospital?

a) Negro u oscuro.
b) Marrón claro o amarillo.
c) Blanco mate.
d) Ninguno de los anteriores.

14. Todas las características mínimas que debe reunir la habitación del enfermo que se exponen son ciertas, excepto:

a) Espacio suficiente.
b) Debe recibir luz directa del sol, a ser posible y de fácil ventilación.

c) Temperatura por encima de la media habitual (superior a 30 grados).
d) Tranquila y a poder ser sin ruidos.

15. La altura de los techos mínima (en cm) de la habitación del paciente debe ser:

a) 220 cm.
b) 250 cm.
c) 270 cm.
d) 285 cm.

16. ¿Qué tipo de higiene se realiza cuando el paciente conserva la movilidad pero no puede levantare, por lo que él asume su higiene siendo auxiliado en caso necesario por la enfermera (espalda, pies, etc.)?

a) Baño completo en la cama.
b) Baño parcial.
c) Baño en la cama.
d) Baño en bañera.

17. La piel está formada por varias capas. Señala la respuesta incorrecta:

a) Glándulas sudoríparas.
b) Hipodermis.
c) Epidermis.
d) Dermis.

18. Señala la respuesta incorrecta. Con un correcto aseo del paciente se pretende:

a) Conservar el buen estado de la piel.
b) Estimular la circulación sanguínea.
c) Refrescar al paciente.
d) Curar la patología que pueda haberse producido por infecciones bacterianas.

19. Si el celador o la celadora tuviera que asear a un paciente enfermo empezaría por:

a) El tórax y las extremidades superiores.
b) Los pies.
c) La cara, el cuello y las orejas.
d) La zona genital.

20. ¿De quién deben recibir instrucciones los celadores o las celadoras para bañar a los enfermos masculinos cuando no puedan hacerlo por sí mismos?

a) Del Técnico de planta.
b) Del Ayudante de Planta.
c) Del Gerente.
d) De las Supervisoras de plantas o personas que las sustituyan.

En MADTEST tienes **más preguntas de este tema**, y todos tus avances quedan registrados y se reflejan en el ranking.

¡Supera tus límites con MADTEST!

Solución al test n.º 12

1. c) Las funciones del personal subalterno dependen del puesto de trabajo ocupado y se realizan bajo supervisión.

2. c) Harán los servicios de guardia que correspondan dentro de los turnos que se establezcan.

3. a) Al jefe de subalternos.

4. a) Las funciones del celador/a se dividen en tres áreas: guardia y vigilancia, cuidado del paciente, y tareas propias específicas.

5. c) Cuando su realización por el personal femenino no sea idónea o decorosa.

6. c) Sujetar a los pacientes a los que se les va a realizar lavados gástricos o suturas.

7. d) Consecución de los fines individuales de los integrantes del grupo.

8. c) Capacidad y eficacia en la ejecución del trabajo.

9. d) Grupo.

10. c) Personas relacionadas entre sí.

11. b) Número de camas.

12. b) Lámpara de luz directa.

13. c) Blanco mate.

14. c) Temperatura por encima de la media habitual (superior a 30 grados).

15. b) 250.

16. c) Baño en la cama.

17. a) Glándulas sudoríparas.

18. d) Curar la patología que pueda haberse producido por infecciones bacterianas.

19. c) La cara, el cuello y las orejas.

20. d) De las Supervisoras de plantas o personas que las sustituyan.

TEST N.º 13

El Celador en su relación con los enfermos: Traslado y movilidad de los mismos. Técnicas de movilización de pacientes. Manejo y utilización de material auxiliar: camas, camillas, grúas, sillas, sujeciones y otros

1. Los ejes longitudinal y sagital forman el plano:

a) Frontal.
b) Transversal.
c) Horizontal.
d) Sagital.

2. ¿Dónde se localiza la cavidad pélvica?

a) En la cavidad torácica.
b) En la cavidad pleural.
c) En la cavidad peritoneal.
d) En la cavidad abdominal.

3. El movimiento de la imagen se denomina:

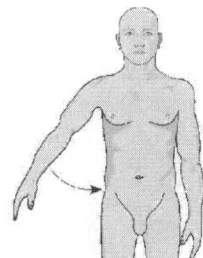

a) Abducción.
b) Aducción.
c) Flexión.
d) Rotación.

4. ¿Qué material de estos no es necesario para realizar los cambios posturales del paciente?

a) Almohadas, cojines y ropa limpia.
b) Férulas y a veces protectores de protuberancia.

c) Jabón y antisépticos.
d) Son todos necesarios.

5. Los cambios posturales del enfermo encamado para prevenir la aparición de úlceras se efectuarán cada:

a) 2-3 horas.
b) 4-5 horas.
c) 6-8 horas.
d) 12 horas.

6. ¿Qué es falso de la posición de decúbito supino?

a) Es una posición utilizada para la exploración del tórax, abdomen, piernas y pies.
b) Se emplea para comenzar con la higiene del enfermo y como punto de partida para diferentes movilizaciones.
c) El plano del cuerpo es paralelo al plano del suelo y al plano horizontal de la cama o camilla.
d) Sus piernas están extendidas y sus brazos alineados a lo largo del cuerpo, estando el paciente acostado sobre su abdomen y pecho.

7. La posición semiprona es:

a) La posición de Fowler.
b) La posición de semiFowler.
c) La posición de Roser.
d) La posición de Sims.

8. Ante situaciones de shock (especialmente hipovolémico) o en casos de lipotimias, hay que colocar al paciente en la posición de:

a) Trendelenburg.
b) Morestin.
c) Roser.
d) Fowler.

9. La posición mahometana es:

a) La posición de litotomía.
b) La posición de Fowler.
c) La posición de Morestin.
d) La posición genupectoral.

10. Cuando la movilización la realiza el propio paciente con la supervisión (sin ayuda física) del profesional sanitario, se dice que es:

a) Activa.
b) Activa auxiliada.

c) Pasiva supervisada.
d) Pasiva.

11. Las movilizaciones realizadas por el fisioterapeuta sobre los distintos segmentos corporales del paciente se denominan:

a) Inmovilizadas.
b) Activas contrarresistencia.
c) Pasivas.
d) Activas con resistencia.

12. ¿Qué consecuencia sobre la función respiratoria es cierta por el inmovilismo?

a) Aumento en los requerimientos de oxígeno.
b) Aumenta la capacidad respiratoria.
c) Se tiende instintivamente a respirar de forma más rápida y superficial.
d) Hay una estasis de secreciones, que puede acumularse y favorecer el medio para el crecimiento bacteriano.

13. Las úlceras por presión se evitan:

a) Con una sistemática de cambios posturales frecuentes.
b) La necesidad de una aplicación adecuada de buenas posiciones no es prioritaria.
c) Tomando todos los días la medicación recomendada.
d) Son ciertas las respuestas a) y c).

14. ¿Qué maniobra es la primera que hay que hacer si queremos transferir un enfermo de la cama a un sillón?

a) Colocar el sillón paralelo a la cama y a la altura de los pies.
b) Colocar al paciente en la orilla de la cama.
c) Sentar al paciente en la cama con las piernas por fuera.
d) Colocar el sillón paralelo al familiar del paciente.

15. ¿Cómo se denominan los pacientes que sufren parálisis de las extremidades inferiores y superiores?

a) Hemipléjicos.
b) Hemiparésicos.
c) Tetrapléjicos.
d) Paraparésicos.

16. La movilización del paciente de una zona a otra dentro del Hospital se denomina:

a) Movilización del paciente/usuario.
b) Traslado intrahospitalario.

c) Transporte.
d) Ninguno de los anteriores es cierto.

17. ¿Cuándo está indicado el uso de bastones en los enfermos?

a) Cuando estos pacientes sufren hemiplejia derecha que permite la marcha.
b) Cuando estos pacientes sufren tetraplejia.
c) Cuando estos pacientes sufren fractura bilateral de caderas.
d) Cuando estos pacientes tienen luxaciones de ambas rótulas.

18. ¿Qué indicaciones son las más frecuentes de las muletas de aluminio?

a) Esguinces.
b) Enfermos tetrapléjicos.
c) Enfermos parapléjicos.
d) Son ciertas las respuestas b) y c).

19. ¿Cuál de estas ayudas es autoestable?

a) Pasamanos.
b) Barras paralelas.
c) Bastones multipodales.
d) Ninguna de las anteriores.

20. ¿Cómo se denominan los dispositivos metálicos que por medio de una bomba hidráulica y de determinados complementos, permiten la elevación, transporte y acomodamiento de personas en diferentes lugares (cama, baño, etc.)?

a) Rueda de hombros.
b) Grúas.
c) Bipedestadores.
d) Jaula de Böhler.

En MADTEST tienes **más preguntas de este tema**, y todos tus avances quedan registrados y se reflejan en el ranking.

¡Supera tus límites con MADTEST!

Solución al test n.º 13

1. d) Sagital.

2. d) En la cavidad abdominal.

3. b) Adducción.

4. c) Jabón y antisépticos.

5. a) 2-3 horas.

6. d) Sus piernas están extendidas y sus brazos alineados a lo largo del cuerpo, estando el paciente acostado sobre su abdomen y pecho.

7. d) La posición de Sims.

8. a) Trendelenburg.

9. d) La posición genupectoral.

10. a) Activa.

11. c) Pasivas.

12. d) Hay una estasis de secreciones, que puede acumularse y favorecer el medio para el crecimiento bacteriano.

13. a) Con una sistemática de cambios posturales frecuentes.

14. a) Colocar el sillón paralelo a la cama y a la altura de los pies.

15. c) Tetrapléjicos.

16. b) Traslado intrahospitalario.

17. a) Cuando estos pacientes sufren hemiplejia derecha que permite la marcha.

18. a) Esguinces.

19. c) Bastones multipodales.

20. b) Grúas.

TEST N.º 14

**Normas de actuación en los quirófanos. Normas de higiene.
La Esterilización. Recepción, movilización y traslado de pacientes
en urgencias. Criterios de actuación del celador en urgencias frente
a traumatismos, heridas, quemaduras y asfixia. Nociones generales
sobre primeros auxilios**

1. Al período de tiempo que transcurre desde que un paciente va a ser intervenido, se prepara la intervención, se realiza la misma y hasta que es dado de alta en el hospital, se le conoce con el nombre de:

a) Preoperatorio.
b) Perioperatorio.
c) Postoperatorio.
d) Operatorio.

2. Señala la respuesta incorrecta. Los celadores de quirófano auxiliarán en todas aquellas tareas que les sean propias además de las que les sean ordenadas por los siguientes profesionales:

a) El personal de mantenimiento.
b) Médicos.
c) Supervisores.
d) Enfermeras.

3. La desinfección que solo es activa frente a virus lipídicos de tamaño medio, bacterias en forma vegetativa y hongos, es de:

a) Alto nivel.
b) Nivel intermedio.
c) Bajo nivel.
d) Depende de la concentración del desinfectante.

4. Indica cuál de las siguientes soluciones es apta para el lavado de manos quirúrgico:

a) Yodo + alcohol etílico.
b) Hexaclorofeno.

c) Hipoclorito sódico.

d) Clorhexidina.

5. ¿Cómo se llama la solución que se utiliza para destruir microorganismos en un tejido vivo?

a) Desinfectante.

b) Esterilizador.

c) Aséptico.

d) Antiséptico.

6. Los dispositivos de urgencias sanitarias garantizan a los usuarios del Sistema Sanitario Público una atención continuada, y para ello:

a) Tratan todo tipo de procesos.

b) Traslada a todos los pacientes al ambulatorio más cercano para su tratamiento.

c) Garantizan a los usuarios una atención sanitaria durante las 24 horas del día.

d) No tienen en cuenta la gravedad del paciente para su asistencia.

7. De las siguientes afirmaciones, ¿cuál de ellas expresa alguna característica propia del término «emergencia»?

a) Es un tipo agravado de urgencia en la que existe un peligro inmediato, real o potencial, para la vida del paciente.

b) Existe peligro de secuelas para el paciente.

c) Suceso que provoca en el organismo una lesión y es de forma fortuita.

d) Suceso que altera el orden normal de las cosas y provoca una gran necesidad de asistencia sanitaria.

8. Se considera «emergencia» a aquella situación que:

a) Supone una pérdida de calidad de vida para la persona y debe ser atendida de forma preferente.

b) Es percibida como tal por el usuario.

c) Supone una amenaza inmediata para la vida o salud de la persona.

d) Es definida como tal por Atención Primaria.

9. De los siguientes uno No es un Servicio de Urgencias y Emergencias Sanitarias; señálalo:

a) SAMU.

b) 091.

c) 112.

d) SOS emergencias.

10. Las Unidades de Urgencias de los Hospitales Generales y Especialidades prestan asistencia:

a) Ambulatoria.
b) Domiciliaria.
c) Especializada.
d) Básica.

11. Todo cuadro pulmonar que da lugar a la disminución de la PO_2 en sangre arterial, con o sin aumento de PO_2 se denomina:

a) Hipoventilación alveolar.
b) Disfemismo bronquial.
c) EPOC.
d) Insuficiencia respiratoria.

12. El aumento de la presión parcial de dióxido de carbono en sangre arterial puede producir:

a) Poliglobulina.
b) Hiperoxia.
c) Acidosis metabólica.
d) Hipercapnia.

13. ¿En qué posición se trasladará a un paciente diagnosticado de insuficiencia respiratoria con oxigenoterapia?

a) Fowler.
b) Sims.
c) Trendelenburg.
d) Roser.

14. El ruido respiratorio crepitante fuerte que se origina por el paso del aire a través de líquido en bronquiolos, bronquios y tráquea al final de la inspiración y durante la espiración, se denomina:

a) Roce pleural.
b) Sibilancia.
c) Soplo tubárico.
d) Roncus.

15. La función del celador es importante en las urgencias respiratorias debido a que:

a) Deberá valorar la situación inicial del paciente.
b) A menudo realiza traslados de pacientes sometidos a oxigenoterapia y deberá conocer todo el sistema.

c) Controlará el empeoramiento del cuadro.
d) Será quien informe sobre el sistema de administración de oxigenoterapia.

16. El estilo Utstein en el soporte vital básico es:

a) Un acuerdo a nivel mundial para consensuar definiciones relacionadas con la RCP.
b) La principal asociación de indicaciones en RCP a nivel europeo.
c) La secuencia de actuación correcta ante una emergencia clínica.
d) Todas son ciertas.

17. El primer eslabón de la cadena de supervivencia es:

a) RCP básica.
b) Desfibrilación precoz.
c) Activación de los servicios de emergencia.
d) Soporte vital avanzado.

18. La causa más frecuente de parada cardiorrespiratoria en adultos es:

a) Torsades de pointes.
b) FV.
c) FA.
d) Enfermedad terminal.

19. ¿Cuál de las siguientes afirmaciones sobre la valoración de la conciencia es falsa?

a) Es la primera valoración que se realiza en una situación de emergencia.
b) Se realiza mediante una valoración sensitiva y auditiva.
c) Si la víctima responde consideraremos que está consciente.
d) Si la víctima responde de forma anormal o confusa consideraremos que está inconsciente.

20. Para despejar la vía aérea usaremos la técnica de:

a) Maniobra frente mentón o tracción mandibular.
b) VOS.
c) Insuflaciones.
d) Dedo en gancho.

Solución al test n.º 14

1. b) Perioperatorio.

2. a) El personal de mantenimiento.

3. c) Bajo nivel.

4. d) Clorhexidina.

5. d) Antiséptico.

6. c) Garantizan a los usuarios una atención sanitaria durante las 24 horas del día.

7. a) Es un tipo agravado de urgencia en la que existe un peligro inmediato, real o potencial, para la vida del paciente.

8. c) Supone una amenaza inmediata para la vida o salud de la persona.

9. b) 091.

10. c) Especializada.

11. d) Insuficiencia respiratoria.

12. d) Hipercapnia.

13. a) Fowler.

14. d) Roncus.

15. b) A menudo realiza traslados de pacientes sometidos a oxigenoterapia y deberá conocer todo el sistema.

16. a) Un acuerdo a nivel mundial para consensuar definiciones relacionadas con la RCP.

17. c) Activación de los servicios de emergencia.

18. b) FV.

19. d) Si la víctima responde de forma anormal o confusa consideraremos que está inconsciente.

20. a) Maniobra frente mentón o tracción mandibular.

TEST N.º 15

Actuación del Celador en relación con los pacientes fallecidos. Actuación en las salas de autopsias y los mortuorios

1. La vestimenta que envuelve al cadáver se denomina:

a) Óbito.
b) Sudario.
c) Pijama.
d) Tanatología.

2. Los restos cadavéricos es lo que queda del cuerpo humano una vez fallecido tras:

a) 5 años.
b) 10 años.
c) 12 meses.
d) 2 años.

3. El rigor mortis aparece en una persona fallecida a las:

a) 12 horas de la muerte.
b) 7 horas de la muerte.
c) 3 horas de la muerte.
d) 24 horas de la muerte.

4. La putrefacción de un cadáver aparece por la acción de:

a) Los virus.
b) Las bacterias.
c) El oxígeno.
d) La muerte.

5. Denominamos tanatoplastia a:

a) Las técnicas de reconstrucción de los cadáveres.
b) Las técnicas de cosmética que permiten mejorar la apariencia externa del cadáver.
c) Las técnicas que consisten en el tratamiento de los muertos.
d) Las técnicas que nos permiten congelar a los muertos.

6. El establecimiento funerario habilitado para la incineración de cadáveres y restos humanos se denomina:

a) Cementerio.
b) Crematorio.
c) Nicho.
d) Panteón.

7. El control sanitario de los cementerios y la sanidad mortuoria corresponde a:

a) Corporaciones Locales.
b) Centros privados.
c) Unidades Estatales.
d) Ministerio responsable de sanidad.

8. La certificación de la muerte es competencia de:

a) Cualquier eslabón del equipo.
b) El facultativo responsable.
c) La enfermera de la unidad.
d) El jefe de la unidad clínica.

9. No es un signo precoz de la muerte:

a) Pérdida de sensibilidad cutánea.
b) Ausencia de latido cardíaco.
c) Ausencia de tono muscular.
d) Livideces.

10. Según el profesor Gisbert Calabuig, ¿cuántas fases de la muerte podemos distinguir?

a) 4 fases.
b) 3 fases.
c) 2 fases.
d) 1 fase.

11. Es una función exclusiva del celador con los pacientes fallecidos:

a) El traslado de los cadáveres al mortuorio.
b) El amortajamiento.
c) El aseo del paciente.
d) Todas son funciones exclusivas del celador.

12. Los ojos y la boca del cadáver:

a) Deben ser cerrados.
b) Deben dejarse como están.
c) Debe permanecer abiertos.
d) Deben sellarse con sutura.

13. Si el paciente va a estar unos días en el depósito de cadáveres se aconseja una temperatura de:

a) 4 ºC.
b) 10 ºC.
c) 0 ºC.
d) 21 ºC.

14. La superficie de las áreas de disección en la actualidad es de:

a) Cerámica.
b) Acero inoxidable.
c) Porcelana.
d) Cualquiera de los anteriores.

15. La intervención que se realiza en un cadáver para examinar sus órganos se denomina:

a) Necropsia.
b) *Exitus*.
c) Embalsamamiento.
d) Tanatopraxia.

16. Un enterótomo es un instrumento que no se utiliza para la disección de:

a) Estómago.
b) Tráquea.
c) Huesos.
d) Intestinos.

17. La mesa de autopsias debe medir:

a) 2,10 por 0,75 m.
b) 2,10 por 0,90 m.
c) 1,90 por 0,75 m.
d) 2,10 por 2,10 m.

18. La autopsia clínica tiene como fin:

a) Determinar las circunstancias de la muerte del fallecido.
b) Realizar un informe para la autoridad judicial.
c) Estudiar las alteraciones morfológicas de órganos y tejidos a causa de la enfermedad.
d) Analizar restos humanos encontrados en extrañas circunstancias.

19. Indique en qué cadáver, según la causa de fallecimiento, podría prohibirse las técnicas de tanatopraxia, tanatoestética y/o tanatoplastia. Personas cuya defunción se deba a:

a) Rabia.
b) Neumonía.
c) Cáncer.
d) Infarto.

20. ¿Cuándo está indicada la autopsia clínica?

a) Muertes ocurridas en las primeras 24 horas tras el ingreso en un hospital.
b) Cadáveres no identificados.
c) Muerte de pacientes por procedimientos clínicos-quirúrgicos.
d) Para elaborar un informe forense.

En MADTEST tienes **más preguntas de este tema**, y todos tus avances quedan registrados y se reflejan en el ranking.

¡Supera tus límites con MADTEST!

Solución al test n.º 15

1. b) Sudario.

2. a) 5 años.

3. c) 3 horas de la muerte.

4. b) Las bacterias.

5. a) Las técnicas de reconstrucción de los cadáveres.

6. b) Crematorio.

7. a) Corporaciones Locales.

8. b) El facultativo responsable.

9. d) Livideces.

10. a) 4 fases.

11. a) El traslado de los cadáveres al mortuorio.

12. a) Deben ser cerrados.

13. a) 4 ºC.

14. b) Acero inoxidable.

15. a) Necropsia.

16. d) Intestinos.

17. a) 2,10 por 0,75 m.

18. c) Estudiar las alteraciones morfológicas de órganos y tejidos a causa de la enfermedad.

19. a) Rabia.

20. a) Muertes ocurridas en las primeras 24 horas tras el ingreso en un hospital.

Cómo acceder al Curso

Celador/a
Test del temario

El uso de los códigos **es exclusivo de los compradores de los productos de Editorial MAD**. Cada producto posee un código único y de un solo uso. Es personal e intransferible y da acceso a servicios y contenidos adicionales. Editorial MAD se reserva el derecho de hacer cuantas comprobaciones sean necesarias para identificar al legítimo poseedor del código y dejar de dar servicio a quien haga uso fraudulento del mismo, además de emprender cuantas acciones legales estime oportunas según la legislación vigente.

Deberás acceder a:

mad.es/registro-campus

Si una vez aceptadas las condiciones de uso del Campus decides hacer uso del mismo, necesitarás del siguiente código de acceso junto con los códigos del resto de títulos que se exigen (si fuera el caso):

H1UI6FM4DL